GÜTERSLOHER
VERLAGSHAUS

Gütersloher Verlagshaus. Dem Leben vertrauen

Inge Rümmele

Geboren 1957, verheiratet, zwei Kinder, Erzieherin und seit 1987 in der Erwachsenenbildung tätig.

INGE RÜMMELE

Konfirmation feiern

DEN KONFIRMATIONSTAG SINNVOLL PLANEN, GESTALTEN UND ERLEBEN

unter Mitarbeit von
Pfarrerin Sibylle Frisch

Gütersloher Verlagshaus

Bibliografische Information der Deutschen Nationalbibliothek

Die Deutsche Nationalbibliothek verzeichnet diese Publikation in der Deutschen Nationalbibliografie; detaillierte bibliografische Daten sind im Internet über http://dnb.d-nb.de abrufbar.

Verlagsgruppe Random House FSC-DEU-0100
Das für dieses Buch verwendete FSC-zertifizierte Papier
Munken Premium Cream liefert
Arctic Paper Munkedals AB, Schweden.

4., überarbeitete und neu gestaltete Auflage, 2011
Copyright © 2001 by Gütersloher Verlagshaus, Gütersloh,
in der Verlagsgruppe Random House GmbH, München

Lektorat: Birgit Schreiber, Recklinghausen
Satz: Satz!zeichen, Landesbergen
Druck und Einband: Těšínská tiskárna, a.s., Český Těšín
Printed in Czech Republic
ISBN 978-3-579-06562-5

www.gtvh.de

Inhalt

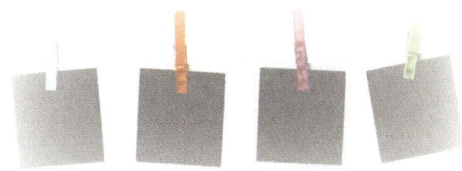

Einleitung 9

Feste feiern (Sibylle Frisch) 10

Konfirmation: Bedeutung und Wandel 15

Konfirmation damals (Sibylle Frisch) 16

Konfirmation heute (Sibylle Frisch) 20

Wie es mit der Konfirmation
angefangen hat (Sibylle Frisch) 24

Wie das mit der Konfirmation heute ist (Sibylle Frisch) .. 26

Warum es in der einen Gemeinde so,
in der anderen so ist (Sibylle Frisch) 28

Wenn mein Kind keine
Konfirmation möchte (Sibylle Frisch)................................. 30

»Wir sind keine Kirchgänger« (Sibylle Frisch)................... 33

Erinnerungen an die eigene Konfirmation 34

Die Konfirmandin bzw. den Konfirmanden
in die Planung des Festes mit einbeziehen.................... 38

Konfirmation: Organisation und Gestaltungsmöglichkeiten 41

Wie sollte eine Konfirmation gefeiert werden? 42
Die Einladungen 45
   Wer wird eingeladen? 45
   Wie wird eingeladen? 48
Die Tischkarten/Platzkarten 52
Die Menükarten 55
Die Tisch- bzw. Sitzordnung 57
Das Tischgebet (Sibylle Frisch) 59
Die Tischrede 61
Der Tisch- und Raumschmuck 63
   Die Tischdekoration 63
   Die Raumgestaltung 67
Die Auswahl der Speisen für die Konfirmation 69
Die Feier zu Hause 71
   Der Empfang in Ihrem Hause 74
   Das Mittagessen 74
   Der Nachmittagskaffee 79
   Das Essen am Abend 81
   Was Sie nicht vergessen sollten! 82
Die Unterhaltung der Festgesellschaft 85
   Bilderalben von der Hauptperson 86
   Kino – Kino 88
   Erinnerungen 88
   Quiz: Wie gut kennen die Gäste
   die Konfirmandin bzw. den Konfirmanden? 89

Reise nach Jerusalem 94

Flüstertelefon 95

Baum der Wünsche 96

Puzzle von der Hauptperson 97

Wunschkonzert 98

Konfirmation: Geschenke gehören auch dazu

Konfirmation:
Geschenke gehören auch dazu 103

Geschenke 104

Geschenkeliste 106

Geldgeschenke 108

Erinnerungsgeschenke 111

Danke sagen 113

Ausblick (Sibylle Frisch) 119

Ermutigung für Eltern 122

Checkliste 123

Fotonachweis 128

Einleitung

Bald ist es soweit, Ihr Kind wird konfirmiert. Sie möchten dieses Ereignis mit einem Fest feiern!
Ein Fest, weshalb? Wozu? Wen laden wir ein? Wie machen wir das? Wo und wie werden wir feiern?

Diesen und anderen Fragen möchten wir mit Ihnen in diesem Elternratgeber nachgehen. Vielleicht erleichtert Ihnen der eine oder andere Gedanke bzw. Vorschlag von uns die Organisation und die Vorbereitung des Festes. Vor allem aber möchten wir Sie als Eltern ermutigen, sich selbst bewusst mit dem Thema der Konfirmation auseinanderzusetzen. Wir möchten Sie ermuntern innezuhalten, zurückzublicken auf Ihr eigenes Fest der Konfirmation (oder auch der Kommunion).
Begleiten Sie Ihr Kind während dieser Vorbereitung zur Konfirmation auf seinem Weg. Vielleicht kann Ihnen folgender Text eine Hilfe für diesen gemeinsamen Weg zur Konfirmation sein:

Was du dir vornimmst, lässt er dir gelingen, und das Licht wird auf deinen Wegen scheinen.

Hiob 22, Vers 28

Feste feiern

Langweilig wird mir nie! – Die meisten Konfirmandenmütter und Konfirmandenväter können das aus vollem Herzen sagen.

Kinder, Ehepartner, Beruf, Haushalt ... von allen Seiten zerrt es an uns. Eintönigkeit und Langeweile prägen heute nur noch sehr selten den Alltag. Wir leiden eher unter zu hohem Erwartungsdruck, fühlen uns überfordert. Unser Alltag ist voll, erfüllt bis überfüllt.

Und dann noch feiern? Aber ja!

Meistens freuen wir uns auf Feste. Sie reißen uns aus unserem Alltag heraus und bringen uns auf andere Gedanken. Etwas Besonderes leuchtet in unseren Alltag herein.

Da wird geplant, organisiert, Ideen werden entwickelt.

Ein Fest macht viel zusätzliche Arbeit. Es kostet Zeit, Energie, Geld. Aber ein schönes Fest ist es uns wert!

Feste soll man feiern, wie sie fallen, sagt man. Anlässe zu feiern gibt es viele.

Wie das Fest dann aussieht, in welcher Form gefeiert wird, liegt zum einen am Anlass, zum anderen an den Menschen, die es feiern.

Das wird deutlich, wenn wir uns die unterschiedlichen Festarten klarmachen:

Es gibt Feste, die unseren Jahreslauf prägen.
Ostern, Pfingsten, Weihnachten und Silvester gehören
dazu. Das sind gesetzliche Feiertage. Meist sind sie mit
Schulferien und arbeitsfreien Tagen verbunden. Die Men-
schen können sich erholen und zur Ruhe kommen.
Jede Familie geht mit diesen Festen auf ihre Art um.

So feiern die einen an Silvester ein ausgelassenes, fröhliches
Fest, zusammen mit vielen Freunden und Bekannten. Sie
feiern hinein in ein neues Jahr mit neuen Möglichkeiten.
Andere blicken zurück eher besinnlich, manchmal etwas
wehmütig.

Es gibt persönliche Feste, die jedes Jahr wiederkehren.
Zum Beispiel Geburtstag oder Hochzeitstag.
Auch diese Feste werden gefeiert, wie es dem Geschmack
der einzelnen ›Persönlichkeiten‹ entspricht.

Es gibt Feste aus aktuellem Anlass.
Eine bestandene Prüfung lässt sich feiern, der Schulab-
schluss, der Einstand an einem neuen Arbeitsplatz.
Dies sind üblicherweise keine Familienfeste. Sie werden
mit den Menschen gefeiert, mit denen man in der betref-
fenden Situation zusammen war oder zusammen ist.

Es gibt Feste am Übergang zu einer neuen Lebensphase.
Dazu gehören:

Die Taufe.

Sie steht am Anfang des Lebens. Noch immer werden bei uns vor allem kleine Kinder getauft. Von Anfang an soll es deutlich sein: Dieser kleine Mensch geht mit Gott in sein Leben hinein.

Die Konfirmation.

Das Kind wird langsam erwachsen. Es ist faszinierend mitzuerleben, wie sich junge Menschen in der Konfirmandenzeit verändern, weiterentwickeln.

Die Hochzeit.

Zwei Menschen wollen miteinander in eine gemeinsame Zukunft gehen.

Die Beerdigung.

Natürlich reden wir hier nicht von einem Fest. Doch zeigt die Beerdigung ähnliche Elemente: Menschen, die sich einander verbunden fühlen, kommen zusammen. Auch hier wird nach der Trauerfeier auf dem Friedhof oft gegessen, getrunken, erzählt.
Die Beerdigung steht am Ende eines Lebensweges.
Auch hier hoffen wir auf einen Übergang in eine neue, uns ganz unbekannte Lebensphase.

Die Feste am Übergang in eine neue Lebensphase sind besondere Feste.

Ein Lebensabschnitt geht zu Ende. Menschen, die diesen Abschnitt begleitet haben, kommen zusammen. Man erinnert sich, denkt an viele Ereignisse und Begebenheiten zurück.

Ein Teilziel des Lebens ist erreicht. Das wird gefeiert.

Jetzt geht es weiter in die Zukunft.

Das Leben wird sich verändern. An der Schwelle zum Neuen leben Hoffnungen auf, Träume, vielleicht auch Ängste.

Man spürt es: Das Leben ist viel mehr als Arbeit und ein bisschen Spaß haben.

In uns steckt die Sehnsucht nach Glück, nach Lebenssinn.

Am Übergang in eine neue Lebensphase fragen Menschen nach Gott. Sie wollen darauf vertrauen, dass er sie behütet und ihr Leben gelingen lässt.

So werden diese besonderen Feste meist mit einem Gottesdienst gefeiert.

Es ist interessant, dass für Menschen, die mit der Kirche nichts anfangen können, für manche Feste gottesdienstähnliche Alternativen geschaffen wurden. So wird noch heute in den neuen Bundesländern bei Ungetauften statt der Konfirmation die Jugendweihe gefeiert.

Viele Standesämter bieten sehr persönliche, feierliche Trauungen an, falls keine kirchliche Trauung stattfindet.

Es gibt außerdem selbständige, freie Redner, die Übergangsfeste mit Worten und Handlungen begleiten.

Am Übergang in eine neue Lebensphase ahnen Menschen, dass Leben gelingen kann, doch zugleich sehr gefährdet ist.

Diese besondere Situation will ernst genommen und gewürdigt werden. Deshalb wird ein Fest gefeiert.

Ein solches Fest am Übergang zu einer neuen Lebensphase ist auch die Konfirmation.

Bei seiner Konfirmation steht ein junger Mensch zum ersten Mal ganz bewusst im Mittelpunkt eines großen Festes.

KONFIRMATION:
Bedeutung und Wandel

Konfirmation damals

Wenn man alte Konfirmationsbilder anschaut, Jahrgang 1939, 1945, 1958 …, dann wird eines ganz deutlich: Die Konfirmation war ein sehr ernstes Fest. Auf vielen alten Fotos sind Kinder zu entdecken, denen ganz offensichtlich unwohl ist.

Ängstlich und angespannt sehen viele aus. Eigentlich ist das auch kein Wunder. Sie hatten allen Grund dazu: Sie wurden öffentlich im Gottesdienst abgefragt!

Welche Schande, wenn da ein Kind die richtige Antwort nicht wusste.

Sie hatten ja alles auswendig gelernt: das Glaubensbekenntnis, die Zehn Gebote, Luthererklärungen, Bibelsprüche, Liedverse.

Aber es war so schrecklich viel, und richtig verstanden hatte man ganz bestimmt nicht alles.

Vor allem aber die Aufregung! Wenn man nun steckenblieb …!

Nein, wohl war den Konfirmanden damals nicht. Man sieht es auf den Bildern: Ernst und steif stehen sie da, lassen sich fotografieren – Kinder, als kleine Erwachsene ausstaffiert. Die Jungen waren plötzlich ›kleine Männer‹. Bisher waren sie in kurzen Hosen herumgetollt. Jetzt zogen sie feierlich gemessenen Schrittes in die Kirche ein. In schwarzen Anzügen steckten sie.

Vielleicht waren es eigene Erfahrungen, die Erich Kästner in seinem Gedicht beschreibt:

Zur Fotografie eines Konfirmanden

Da steht er nun, als Mann verkleidet,
und kommt sich nicht geheuer vor.
Fast sieht es aus, als ob er leidet.
Er ahnt vielleicht, was er verlor.

Er trägt die erste lange Hose.
Er spürt das erste steife Hemd.
Er macht die erste steife Pose.
Zum ersten Mal ist er sich fremd.

Er hört sein Herz mit Hämmern pochen.
Er steht und fühlt, daß gar nichts sitzt.
Die Zukunft liegt ihm in den Knochen.
Er sieht so aus, als hätt's geblitzt.

Womöglich kann man noch genauer
erklären, was den Jungen quält:
Die Kindheit starb; nun trägt er Trauer
und hat den Anzug schwarz gewählt.

Er steht dazwischen und daneben.
Er ist nicht groß. Er ist nicht klein.
Was nun beginnt, nennt man das Leben.
Und morgen früh tritt er hinein.

Quelle: E. K. »Doktor Erich Kästners Lyrische Hausapotheke«
© Atrium Verlag, Zürich und Thomas Kästner

Den Mädchen ging es keineswegs besser. Plötzlich sollten sie Frauen sein.

Zur Konfirmation trugen sie dunkle, meist schwarze Kleider. Die ›neue Fraulichkeit‹ ging bis auf die Haut: Unter dem Konfirmationskleid gab es richtige Frauenunterwäsche. Viele Mädchen mussten zum erstenmal einen Büstenhalter und einen Hüfthalter mit Strapsen anziehen.

Das waren große, aufregende Veränderungen, die unsicher und befangen machten.

Eine Frau, die 1940 konfirmiert wurde, erzählt:

»Ich fühlte mich so fremd und furchtbar unsicher in ›diesem Ding‹ (dem Hüfthalter). In der Nacht vor meiner Konfirmation schlief ich sehr unruhig. Ich hatte einen grauenhaften Traum: Zur Konfirmation zog ich in die Kirche ein, und ich hatte nur einen Strumpf an! Der andere fehlte. Ich hatte ihn verloren!«

Sie hatten es nicht leicht, die Konfirmandinnen und Konfirmanden damals. Es war zwar schön, dass ein Fest gefeiert wurde. Man spürte das Besondere. Aber es gab viele Gründe, sich überfordert, unsicher, verlegen zu fühlen. Die Konfirmation war der Abschied von der Kindheit. Für viele Jungen und Mädchen ging nun auch die Schulzeit zu Ende. Sie mussten hinaus in die ›Erwachsenenwelt‹.

Konfirmation heute

Gleich in einer der ersten Stunden des Konfirmandenunterrichts kommen normalerweise die Fragen:

- Muss ich zur Konfirmation eigentlich ein Kleid anziehen?
- Ich trage doch sonst nur Hosen!
- Müssen wir wirklich schwarz angezogen sein?
- Kann ich auch in Jeans konfirmiert werden?
- Erlauben Sie auch eine Lederjacke?

Was die Kleiderordnung angeht, so gibt es von der Kirche her keine Vorschriften. Aber daheim, in den Familien, werden oft heftige Diskussionen geführt. Bis zum Tag der Konfirmation hat man sich schließlich geeinigt. Zum Gottesdienst ziehen sie dann in die Kirche ein: gut gekleidet, gestylt, stolz.

Nach außen hin erscheinen sie als in sich stimmige, selbstbewusste Persönlichkeiten.

Konfirmandinnen und Konfirmanden unserer Zeit haben ihre Vorstellungen von dem, was sie wollen, was zu ihnen passt.

Das Aussehen soll stimmen, aber auch alles andere: der Gottesdienst, das Festessen, das Nachmittagsprogramm.

Hier sind einige Äußerungen zu der Frage, wie das Fest aussehen soll:

- Ich habe zu meinen Eltern gleich gesagt: Gefeiert wird beim Italiener!
- Die ganze Verwandtschaft muss kommen und noch viel mehr Leute. Alle sollen mir nur Geld schenken. Da müsste ordentlich was zusammenkommen.
- Ich freue mich drauf: Wenn ich bei der Konfirmation in der Kirche vor allen Leuten rede, dann sind meine Eltern total stolz auf mich.
- Bei unserer Konfirmation gibt es aber keine Predigt! Wir Konfirmanden machen lieber alles selber.

Konfirmanden haben ihre eigenen Vorstellungen. Sie wollen gefragt und ernst genommen werden.

In unserer Zeit endet die Schulzeit keineswegs mit der Konfirmation. Kinder werden nicht von einem Tag zum anderen zu Erwachsenen gemacht. Aber sie sind erwachsener als früher. Es sind keine Kinder mehr.

Unsere Konfirmanden sind junge Menschen, die spüren, dass eine neue Phase ihres Lebens beginnt. Sie sind auf der Suche – nach Lebensrichtungen, nach Vorbildern, nach Glück.

Sie haben es dabei schwerer als frühere Generationen. Unendlich viele Eindrücke kommen auf die Konfirmanden zu. Sie haben viele Möglichkeiten sich zu orientieren. Sie werden gefördert in der Schule, in der Familie, in Vereinen.

Manchmal fühlen sie sich überfordert. So viele Chancen bietet das Leben!

Gleichzeitig haben viele Konfirmanden miterlebt, wie Träume geplatzt, Lebenskonzepte zerbrochen sind. Sie können davon erzählen, wie schwer es war, als ihre Eltern sich getrennt haben, wie sehr sie einen Elternteil vermissen.

Unsere Konfirmanden sind keine Kinder mehr. Sie wissen: Das Leben bietet viele Möglichkeiten. Aber es kann auch schiefgehen.

Sie wollen es wagen! Sie suchen, entscheiden, probieren aus, bereuen. Sie wollen verstanden werden, sind sehr verletzlich. Gleichzeitig aber auch äußerst kritisch.

Konfirmandinnen und Konfirmanden sind es gewohnt, gefragt zu werden. Sie wollen ihre eigenen Entscheidungen treffen.

Die Konfirmation ist da überhaupt keine Ausnahme. Es ist heute nicht mehr selbstverständlich, dass man sich konfirmieren lässt.

Warum es viele trotzdem tun?

Konfirmanden erzählen,
warum sie sich konfirmieren lassen:

- Ich bin ganz ehrlich: Bei der Konfirmation geht es mir um die Geschenke. (Da sind sich nahezu alle Konfirmandinnen und Konfirmanden einig.)
- Ich finde das super – ein Riesenfest nur wegen mir!
- Ich will auf jeden Fall konfirmiert werden, damit ich zu den Erwachsenen gehöre.
- Ich lasse mich konfirmieren, weil ich Patin werden möchte.
- Meine Eltern wollen es unbedingt, und ich habe eigentlich nichts dagegen.

- Ich glaube an Gott. Deshalb lasse ich mich konfirmieren.
- Vielleicht kann ich im Konfirmandenunterricht etwas über Gott lernen. Das schadet ja nichts. Vielleicht kann es sogar helfen.
- Ich bin noch nicht getauft. Das wird dann bei der Konfirmation gemacht. Ich finde das gut, weil ich nämlich zur Kirche gehören will.

So haben sie sich also für die Konfirmation und den Konfirmandenunterricht entschieden. Vermutlich wird es eine spannende Zeit werden – für Konfirmandinnen und Konfirmanden, für die Pfarrerin/den Pfarrer und möglicherweise auch für die Eltern.

Wie es mit der Konfirmation angefangen hat

Es war ungefähr im Jahr 200. Damals hörte man erstmals von der Sitte, dass Säuglinge getauft werden.

Darüber wurde in der Kirche nun heftig gestritten und diskutiert. Die entscheidende Frage war: Muss ein Mensch nicht selber klar entscheiden können, ob er zu Jesus und seiner Kirche gehören will?

Zeit verging – und schließlich hatte sich die Taufe von kleinen Kindern durchgesetzt.

Martin Luther hat sich leidenschaftlich dafür eingesetzt. Die Kindertaufe machte es klar: Gott will uns Menschen seine Gnade schenken. Er liebt diesen kleinen Menschen ohne Bedingungen, bevor dieser irgendetwas tut und leistet.

Doch immer wieder wurde die Praxis der Kindertaufe kritisiert.

Immer wieder wurde gefordert:

Ein Mensch muss sich entscheiden! Ein Mensch muss wissen, ob er als Christ zu Jesus und zu seiner Kirche gehören will.

Der Reformator Martin Bucer nahm solche Kritik ernst. Wie Luther war er der Ansicht, dass die Kindertaufe absolut richtig ist. Doch warum sollte ein junger Mensch nicht später, wenn er Entscheidungen treffen kann, bestätigen, dass er zur Kirche gehören wollte?

1534 forderte Martin Bucer die Konfirmation.

Konfirmation – das lateinische Wort bedeutet »Stärkung«, »Befestigung«.

Der junge Mensch sollte durch die Konfirmation in der Kirche ›befestigt‹ werden. Zu dieser Entscheidung sollte er im Konfirmandenunterricht ›gestärkt‹ und befähigt werden. Aufgabe des Konfirmandenunterrichts war es also, ihm die wichtigsten Glaubensinhalte zu vermitteln und sie auf sein Leben zu beziehen.

Auf Bucers Forderung hin führte zuerst der Landesherr Hessens, Philipp der Großmütige, die Konfirmation ein. Andere folgten diesem Vorbild.

Schließlich, im 19. Jahrhundert, war die Konfirmation nahezu überall in Deutschland ein fest eingebürgerter Brauch.

Wie das mit der Konfirmation heute ist

In unserer Zeit wird die Konfirmation vor allem als ein Angebot der Kirche gesehen: Die Konfirmandenzeit soll jungen Menschen helfen, ihren eigenen Glauben zu finden. Konfirmandinnen und Konfirmanden sollen gestärkt werden für ihren Weg durchs Leben.

Es steht also nicht die reine Wissensvermittlung im Vordergrund. Viel wichtiger ist, dass jede Konfirmandin, jeder Konfirmand begreift: Hier geht es um mich – um mein Leben, meine Träume, meine Ängste.

Und da gibt es Gott, dem viele Menschen vertraut haben. Die Bibel erzählt davon. Auch heute vertrauen Menschen diesem Gott. Kann ich es auch wagen?

Konfirmation ist der Übergang in eine neue Lebensphase. ›Eingesegnet‹, mit dem Segen Gottes, werden die jungen Menschen ihren Weg weitergehen.

Sie bekommen ihren Denkspruch. Er kann ihnen Ermutigung, vielleicht auch eine Leitlinie für ihren weiteren Lebensweg sein.

Es ist faszinierend, Konfirmandinnen und Konfirmanden zu erleben, wenn sie sich ihren Denkspruch selbst aussuchen dürfen. Mit großem Ernst lesen sie, fragen nach, diskutieren darüber und entscheiden sich für ihren Spruch. Ab jetzt, mit der Konfirmation, haben die Jugendlichen neue Rechte:

- Sie dürfen ein Patenamt übernehmen.
- Mit 14 Jahren haben sie das Recht, über die Zugehörigkeit zu einer Religionsgemeinschaft selbst zu entscheiden.

Lange Zeit galt vor allem die Zulassung zum Abendmahl als das Recht, das man mit der Konfirmation erwirbt. Inzwischen sind auch Kinder zum Abendmahl zugelassen, wenn sie entsprechend darauf vorbereitet wurden.

Warum es in der einen Gemeinde so, in der anderen so ist

Konfirmandinnen und Konfirmanden sind manchmal empört: Da gehen sie nun eineinhalb Jahre lang in den Konfirmandenunterricht. Ihre Freunde aus dem Nachbarort müssen aber nur ein Jahr gehen!

Sie hören davon, dass in manchen Gemeinden sogar zwei Jahre Pflicht sind, während es daneben Konfirmandengruppen gibt, die nur an Wochenenden Blockunterricht haben.

Die einen machen eine Freizeit, andere sogar zwei, die nächsten überhaupt keine.

Manche müssen furchtbar viel auswendig lernen, andere verschwindend wenig.

In verschiedenen Gemeinden gibt es unterschiedliche Regelungen. Das hängt sicher mit der Grundeinstellung zur Konfirmation und der Konfirmandenzeit zusammen.

Tatsache ist: Vieles ist möglich. Und neuerdings wird in vielen Leitungsgremien der Gemeinden der Konfirmandenunterricht neu diskutiert.

Vor allem ist derzeit die Teilung des Konfirmandenunterrichts im Gespräch. Das bedeutet: Der erste Teil des Unterrichts beginnt mit neun Jahren. Der zweite Block findet dann vor der Konfirmation statt. Die ist, wie bisher, mit vierzehn Jahren.

Ausgangspunkt ist, dass Kinder der ersten Altersstufe offen und voll Bereitschaft für religiöse Themen sind.

Während der ›blockfreien Phase‹ können die Gemeinden über ihre Kinder- und Jugendarbeit Kontakt zu den Kindern halten.

Natürlich hofft man mit diesem Modell auf eine stärkere kirchliche Bindung.

Übrigens: Bei diesem Modell sind die Eltern sehr gefragt. Mit ihrer aktiven Mitarbeit rechnet man vor allem in der ersten Unterrichtsphase.

Wenn mein Kind keine Konfirmation möchte

Konfirmation ist der Übergang in eine neue Lebensphase. Das Kind wird erwachsen. Der junge Mensch will und soll seine Entscheidung treffen.

Als Pfarrerin habe ich immer wieder erlebt, dass Jungen und Mädchen selbstständig und ganz alleine zur Anmeldung für den Konfirmandenunterricht kamen. Sie wollten sich konfirmieren lassen, obwohl die Eltern da eher gleichgültig und manchmal sogar ablehnend waren.

Aber es kann auch genau anders laufen. Manchmal sieht ein junger Mensch einfach keinen Sinn in der Konfirmation. Oder er lehnt die Kirche ab. Oder er empfindet Gott als fremd, als etwas, mit dem er nichts anfangen kann. Das kann Eltern sehr weh tun.

Ich erinnere mich an eine Mutter, die verzweifelt feststellte:

Ich kann meine Tochter doch nicht zur Konfirmation zwingen. Sie verzichtet aufs Fest. Sie verzichtet auf Geschenke. Sie will einfach nicht.

In dieser Familie ist es in der darauf folgenden Zeit sehr lebhaft zugegangen. Miteinander haben sie über Kirche, über Gott und ihren Glauben nachgedacht und geredet. Die Mutter hat sich dann später wieder gemeldet:

»Meine Tochter will sich nach wie vor nicht konfirmieren lassen. Aber unsere Familie hat schon lange nicht mehr so offen und intensiv miteinander diskutiert. Für uns war es eine ganz wichtige Zeit. Die Entscheidung unserer Tochter haben wir jetzt akzeptiert. Hoffentlich finden Sie das nicht schlimm: Wir wollen statt der Konfirmation ein großes Fest feiern, eine Art ›Reifefest‹. Wir haben gemerkt, wie erwachsen sie geworden ist.«

Das fand ich großartig. Doch andere Eltern können und wollen nicht in dieser Form mit dem Problem umgehen. Ich denke, Sie müssen auch nicht gleich ein Fest feiern! Aber versuchen Sie, Ihr Kind anzuhören. Erzählen Sie, was Sie über die Konfirmation denken, warum sie Ihnen wichtig ist.
Konfirmation ist der Übergang in die Erwachsenenphase. Jetzt geht es um eigene Entscheidungen. Akzeptieren und tolerieren Sie es!

Wo ein Mensch Vertrauen gibt

Wo ein Mensch Ver-trau-en gibt,   nicht nur
an sich sel-ber denkt,   fällt ein Trop-fen von
dem Re-gen, der aus Wü-sten Gär-ten macht.

Wo ein Mensch den andern sieht,
nicht nur sich und seine Welt,
fällt ein Tropfen von dem Regen,
der aus Wüsten Gärten macht.

Wo ein Mensch sich selbst verschenkt
und den alten Weg verlässt,
fällt ein Tropfen von dem Regen,
der aus Wüsten Gärten macht.

Quelle: Evangelisches Gesangbuch, Ausgabe für die
Evangelische Landeskirche in Württemberg, Stuttgart 1996

»Wir sind keine Kirchgänger«

Das empfinden viele Familien, die einen Konfirmanden, eine Konfirmandin haben, sehr deutlich.

Plötzlich steht dann der Konfirmationsgottesdienst vor der Tür und wahrscheinlich auch noch eine Abendmahlsfeier. Ob man da alles richtig macht?

Keine Angst! Falsch machen können Sie nichts. Aber ich möchte Sie ermutigen, die Konfirmationszeit Ihres Kindes zu nutzen. Nehmen Sie diese Zeit als Möglichkeit, einmal wieder Kontakt zur Kirche und zu Ihrer Gemeinde zu bekommen.

Konfirmanden und Konfirmandinnen müssen regelmäßig Gottesdienste besuchen. Gehen Sie doch einmal mit.

Nutzen Sie vor allem die Elternabende. Normalerweise ist es für Eltern eine gute Erfahrung, wenn sie andere Konfirmandeneltern treffen. Sie alle haben Kinder in diesem nicht gerade problemlosen Alter. Es tut gut zu hören, dass andere ganz ähnliche Probleme haben.

Vielleicht bekommen Sie hier auch Ideen und Anregungen für Ihr Fest.

Bei Elternabenden lernen Sie natürlich auch die Pfarrerin oder den Pfarrer kennen, die/der Ihr Kind auf dem Weg

zur Konfirmation begleitet. Das ist auch Ihre Gemeinde-
pfarrerin, Ihr Pfarrer!

Es ist gut möglich, dass Sie bei solchen Kontakten entdecken: Die Kirche ist ganz anders, als Sie es in Erinnerung
hatten!

Erinnerungen an die eigene Konfirmation

Erinnern Sie sich an Ihr eigenes Konfirmationsfest zurück?

Fällt es Ihnen leicht oder eher schwer, sich nach so langer
Zeit an das Fest Ihrer eigenen Konfirmation zu erinnern?

Eine gute Hilfe, um Erinnerungen wachzurütteln, ist das
eigene Konfirmationsfoto. Falls Sie selbst Kommunion hatten, erfüllt ein Kommunionsbild denselben Zweck.

Es geht darum, Erinnerungen wieder aufleben zu lassen.
Suchen Sie das Bild aus Ihrem Album oder der Fotokiste
heraus und schon kann es losgehen.

Im Alter von zwanzig Jahren hätten wir das Bild wahrscheinlich keinem anderen Menschen gezeigt, weil wir uns selbst schrecklich gefunden hätten als Konfirmandin bzw. als Konfirmand auf dem Foto. Heute, mit weit mehr Distanz zu diesem Alter, können wir hoffentlich darüber lachen oder wenigstens darüber schmunzeln, wie komisch wir damals als Konfirmand/in aussahen. Die meisten wirken auf ihrem Konfirmationsfoto sehr entstellt durch den Frisörbesuch vor dem Fest, der uns eigentlich »erwachsen« wirken lassen sollte. Oft war das Ergebnis aber eher »altbacken«.

Sehen Sie sich Ihr Bild ganz genau an:

Wie wirken Sie auf dem Foto?

- ○ sicher
- ○ unsicher
- ○ lustig
- ○ traurig
- ○ zufrieden
- ○ unzufrieden?

Wie sah Ihre Konfirmationskleidung aus?

- ○ Durften Sie Ihre Festkleidung selbst aussuchen?
- ○ War es das abgelegte Konfirmationskleid Ihrer großen Schwester, das Sie widerwillig abtragen mussten?
- ○ Haben Sie Revolution geübt? Ihre Eltern und die Verwandtschaft geschockt und sind im alten lila T-Shirt zur Konfirmation gegangen?

Schauen Sie sich Ihr Konfirmationsbild ganz genau an!
Da werden sie wach – die Erinnerungen an das Fest, an dem wir selbst, vielleicht erstmals, im Mittelpunkt der Familie und der Gemeinde standen.
Überlegen Sie nun, was für Sie selbst besonders schön war an Ihrem Fest und was Ihnen überhaupt nicht gefallen hat.
Sie werden überrascht sein, was Ihnen da alles einfällt!

Schreiben Sie Ihre Erinnerungen gleich in die folgende Liste:

Positive Erinnerungen	*Negative Erinnerungen*
an meine eigene Konfirmation	an meine eigene Konfirmation
....	....
....	....
....	....
....	....

Je länger Sie überlegen, desto mehr Erinnerungen werden auftauchen. Nehmen Sie sich Zeit dafür!

Ich habe Seminare zum Thema Konfirmation durchgeführt. Auf der *negativen* Erinnerungsseite stand häufig:

- Die Prüfung, das auswendige Aufsagen im Konfirmationsgottesdienst, war schrecklich.
- Der Pfarrer war furchtbar streng mit uns.
- Meine Eltern haben vor der Konfirmation das ganze Haus frisch tapeziert.
- Mutter hat alle Fenster geputzt und sämtliche Schränke und Schubladen ausgewaschen.
- Vor und während des Festes herrschte große Hektik.

Solche Aktionen, mit Angst besetzt bzw. mit viel Stress und Hektik verbunden, standen *immer* auf der negativen Seite!!

Auf der *positiven* Erinnerungsseite standen Erlebnisse wie beispielsweise:

- Wir durften uns einen Spickzettel ins Gesangbuch legen.
- Bei der Liedauswahl zum Konfirmationsgottesdienst durften wir Konfirmanden mitentscheiden.
- Meine Eltern haben mich gefragt, was ich mir als Festessen wünsche.
- Tante Ruth brachte einen Erdbeerkuchen mit (das war 1970 im März unvorstellbar!).
- Ich durfte meine/n besten Freund/in einladen!

Sie sehen: Für die Konfirmandin, den Konfirmand sind ganz andere Dinge wichtig als für uns Erwachsene und bleiben in ihrem/seinem Gedächtnis hängen.

In meiner persönlichen positiven Erinnerungsspalte steht mein Konfirmationspfarrer. Dieser Pfarrer hat uns pubertierende Konfirmanden wirklich ernst genommen und uns ein *Gefühl der Wertschätzung vermittelt,* wie es für Jugendliche in diesem Alter äußerst wichtig ist.

Die Konfirmandin bzw. den Konfirmanden in die Planung des Festes mit einbeziehen

Diese Wertschätzung, die mein Konfirmationspfarrer uns vermittelt hat, können wir als Eltern ganz leicht zum Ausdruck bringen, indem wir die Konfirmandin, den Konfirmanden in die Planung des Festes *voll mit einbeziehen!* Natürlich werden die Konfirmanden nicht die gesamte Planung und Organisation selbstständig durchdenken und entscheiden können. Sie als Eltern sollten mit Ihrer Tochter oder Ihrem Sohn gemeinsam Vorschläge sammeln, Beispiele ansehen und besprechen und überlegen, was möglich ist. So können sich die Jugendlichen ein Bild, eine Vorstellung von den Dingen machen, welche sie dann selbständig entscheiden dürfen.

Als gute Einstimmung für solche Vorüberlegungen eignet sich der Konfirmationsgottesdienst Ihrer Kirchengemeinde im Jahr vor der eigenen Konfirmation. Besuchen Sie diesen Gottesdienst gemeinsam mit Ihrer Tochter bzw. Ihrem Sohn. Bitten Sie die Jugendlichen, bewusst zu beobachten und wahrzunehmen, was ihnen an diesem Gottesdienst gefällt und was weniger gut ankommt.

Ihre Tochter bzw. Ihr Sohn kann selbst entscheiden
- ob sie/er konfirmiert werden möchte;

wenn JA:
- wer eingeladen wird
- welche Einladungen geschrieben werden
- was sie/er sich als Festessen wünscht
- wo und wie die Feier stattfinden sollte
- was sie/er am Festtag anziehen möchte
- wie sie/er sich hinterher für die Geschenke bedanken wird
- usw.

Bei manchen Entscheidungen ist es Ihrem Nachwuchs bestimmt lieber, wenn Sie als Eltern sagen: »So machen wir das!« Oft ist Entscheiden gar nicht so einfach! Lernen, sich entscheiden zu können, gehört zum Erwachsenwerden dazu.

Eltern können Entscheidungshilfen geben.
Eltern *sollten* den Jugendlichen aber auch klarmachen, dass die Jugendlichen *sich selbst* Gedanken und Überlegungen machen müssen, um selbstständig entscheiden zu können. Wo können Jugendliche das besser erproben als in der eigenen Familie? Die Entscheidungen der Jugendlichen sollten die Eltern dann ernst nehmen und auch akzeptieren. Wer seinem Kind diesen Entscheidungsfreiraum einräumen will, muss tolerant und mutig sein!

Entscheidungen gehören zum Erwachsenwerden dazu. Erwachsenwerden ist nicht einfach. Es ist eine Zeit, die für die Jugendlichen und für deren Eltern häufig mit Auseinandersetzungen und gegenseitigen Verletzungen verbunden ist.

- *Von der Kindheit Abschied zu nehmen,*
- *Zeit erwachsen zu werden,*
- *Stellung zu beziehen,*
- *Zeit für eigene Entscheidungen*

... das ist die Zeit der Konfirmation!

KONFIRMATION: Organisation und Gestaltungsmöglichkeiten

Wie sollte eine Konfirmation gefeiert werden?

Fast alle Eltern, die eine Konfirmation ausrichten möchten, fragen sich immer wieder, wie denn nun eine Konfirmation am besten gefeiert wird. Doch ein vorgefertigtes Erfolgsrezept mit der Garantie für gutes Gelingen kann Ihnen auch dieses Buch leider nicht anbieten. Im Folgenden finden Sie jede Menge Ideen und Tipps, die ich teilweise selbst ausprobiert bzw. bei anderen Familien erlebt habe. Vielleicht gefallen Ihnen einige der Vorschläge und Anregungen, die Sie dann zu Ihrem eigenen Familienfest zusammenfügen können.

Heutzutage hat das Fest der Konfirmation nicht mehr *die* große Bedeutung wie vor 50 oder gar vor 80 Jahren. Und trotzdem ist die Konfirmation ein besonderes Fest geblieben. Konfirmation ist ein anderes Fest als ein Geburtstag, der in jedem Jahr stattfindet. Konfirmation ist ein *einmaliges* Fest im Leben eines Menschen und hat schon durch diese Einmaligkeit einen besonderen Stellenwert in der Reihe unserer Lebensfeste.

Jede Familie hat andere Wertvorstellungen für ein Fest, eine Feier, die es zu respektieren gilt. Jede Familie macht das

Fest daraus, wie es für sie selbst möglich und für die Konfirmandin bzw. den Konfirmanden wichtig ist.
Gegenseitige Toleranz hat hier einen wichtigen Platz!!

Die einen feiern lieber zu Hause ...

> *die anderen im Restaurant bzw. in der Gastwirtschaft, beim »Griechen«, beim »Italiener« oder im Gemeindehaus.*

Eine Mutter backt alle Kuchen selbst ...

> *die andere lässt vom Konditor backen oder Freundinnen, Schwestern etc. backen für sie.*

Eine Familie kauft neue Möbel ...

> *die andere feiert an Biertischen.*

Hübsche Einladungen kann man selber machen ...

> *aber auch kaufen.*

Blumenschmuck gibt es beim Gärtner ...

> *oder selbstangefertigt.*

Marie mag lieber kunstvolle Gestecke ...

> *Eva möchte gerne Gänseblümchen.*

Bei Maiers gibt es Schweinshaxe ...

> *Müllers lieben es vegetarisch.*

Es gibt bei der Gestaltung von Festen kein richtig oder falsch! Sie sollten so feiern, wie Ihre Familie sich wohlfühlt, wie es die Konfirmandin, der Konfirmand haben möchte, Sie sollten nicht feiern, wie alle anderen feiern oder gar dem Druck: So feiert man das Fest heutzutage, unterliegen!

Die Einladungen

Wer wird eingeladen?

Bevor Sie Einladungen herstellen, sollten Sie mit der Konfirmandin, dem Konfirmanden überlegen: WER wird eingeladen?

Bei der Konfirmation sind das in der Regel:

- Eltern und Geschwister der Konfirmanden
- Paten
- Großeltern
- Freund/in vom Konfirmand, von der Konfirmandin
- Geschwister der Eltern und evtl. deren Kinder
- Familienfreunde

Nicht ganz einfach ist die Auswahl der Gäste bei getrennt lebenden Familien oder bei sogenannten Patchworkfamilien. Hier stellt sich die Frage: »Wird die/der außer Haus lebende Mutter/Vater zum Fest eingeladen oder nicht?« Diese Frage sollte der betroffene Jugendliche nach den *eigenen Gefühlen, Bedürfnissen und Wünschen beantworten dürfen!*

Sind Sie mit Ihrem Ex-Partner in Zank und Streit auseinander gegangen, können Sie kaum ein ruhiges vernünftiges Wort miteinander wechseln, dann ist es sicherlich sehr schwierig, an einer gemeinsamen Festtafel zu sitzen.

Haben Sie sich als getrennt lebendes Paar arrangieren können, haben Sie einen normalen Umgangston miteinander gefunden, dann ist es grundsätzlich möglich, miteinander dieses Familienfest zu feiern.

In vielen Fällen ist nach der Trennung der Eltern ein gemeinsames Familienfest jedoch nur schwer oder auch gar nicht möglich. Auch hier gibt es Möglichkeiten, die für alle Beteiligten eine Lösung sein können:

In vielen Kirchengemeinden findet das erste Abendmahl der Konfirmanden nicht am Konfirmationstag statt, sondern am Samstagabend vor dem Konfirmationsgottesdienst oder am Sonntag danach.

Dieser Gottesdienst ist eine Möglichkeit für das getrennt lebende Elternteil, mit der Tochter oder dem Sohn wenigstens einen Teil der Konfirmation gemeinsam zu erleben, wenn ein Zusammentreffen aller Familienmitglieder aus der ehemaligen Familie nicht durchführbar ist. Auch die Herkunftsfamilie des getrennt lebenden Elternteils kann bei diesem »Alternativfest« gut teilnehmen.

Grundsätzlich gilt bei der Auswahl der Gäste für das Fest bei Patchworkfamilien dasselbe wie auch bei allen anderen Familienformen: *Alle Personen, welche der Konfirmandin oder dem Konfirmanden wichtig sind, zu denen sie/er eine wichtige Beziehung hat, sollten eingeladen werden.*

Dies können durchaus auch Personen außerhalb Ihres Familienkreises sein. Manchmal haben Kinder über viele Jahre hinweg eine gute Beziehung zu einer Lehrerin, zu einem Lehrer oder zu einem Menschen, der die sportliche oder musikalische Laufbahn des Kindes begleitet hat.
Oft sind Nachbarn wichtigere Menschen für die Jugendlichen als Onkel Otto, der sich das ganze Jahr über nicht sehen lässt und sich nicht um sein Patenkind kümmert.

Überlegen Sie mit Ihrem Kind gemeinsam:

- Wer ist wirklich wichtig gewesen auf meinem Lebensweg?
- Wer war für mich da, hatte Zeit für mich, spielte mit mir, hat mir vorgelesen?
- Wer hat sich für mich eingesetzt, wenn ich Hilfe brauchte?

Stellen Sie die Gästeliste mit Ihrem Kind gemeinsam nach diesen Kriterien zusammen!

Ich selbst bin mit meiner Familie bei einem ehemaligen Kindergartenkind zur Konfirmation eingeladen gewesen. Es war der persönliche Wunsch des Konfirmanden, die Eltern ließen sich darauf ein. Für mich war es eine besondere Ehre, ein solch *wichtiger Wegbegleiter* für diesen jungen Menschen zu sein, lange über seine Kindergartenzeit hinaus!

Wie wird eingeladen?

Lädt man mündlich, vielleicht nur telefonisch, persönlich oder schriftlich ein?

Schriftliche Einladungen eignen sich am besten. Die Eingeladenen haben so die Möglichkeit, ihre Einladung in Ruhe zu lesen, im Kalender zu prüfen, ob der Termin möglich ist oder nicht. Kurz vor dem Fest können die Eingeladenen Zeit und Ort des Treffens nochmals nachlesen. Verwechslungen und Unpünktlichkeiten durch Missverständnisse sind durch eine schriftliche Einladung weitgehend ausgeschaltet.

Wohnen die einzuladenden Personen in der Nähe, ist es sehr persönlich, wenn die Konfirmandin, der Konfirmand die schriftliche Einladung selbst vorbeibringt.

Als Vorankündigung ist das Datum der Konfirmation schon lange im Voraus bekannt zu geben, so dass sich die Gäste den Termin freihalten können.

Etwa acht Wochen vorher sollten die Einladungen verteilt bzw. verschickt oder bei mündlicher Einladung ausgesprochen werden.

Wenn Sie die Einladungen selbst herstellen, beteiligen Sie die Konfirmandin, den Konfirmanden nicht nur bei der Auswahl, sondern auch bei der Herstellung der Einladungen!

Jugendliche sind oft mit dem Computer so fix, dass sie damit tolle Karten selbst entwerfen und ausdrucken können.

Es ist schön, wenn in der Einladung ein Bezug zum Fest

bzw. zur Person, die konfirmiert wird, hergestellt werden kann:

- Das kann ein hübsches Foto von der Konfirmandin, dem Konfirmand auf der Einladung sein.
- Sie können ein Bild von der Kirche, in der die Konfirmation stattfindet, für die Einladung verwenden.
- Sehr schön ist auch ein Text auf der Einladung. Das kann der Konfirmationsspruch der Konfirmandin, des Konfirmanden sein oder ein beliebiger Text, welcher zu der Person, die konfirmiert wird, passt, der ihr besonders gut gefällt wie beispielsweise:

Freunde

Solche Freunde wünsche ich mir,
Freunde, wie sie der Gelähmte damals hatte:
Freunde, für die ich nicht nur interessant bin,
            wenn es mir gut geht.
Freunde, die mich nicht im Stich lassen,
            wenn ich krank werde.
Freunde, die sich etwas einfallen lassen,
            um mir wieder auf die Beine zu helfen.
Freunde, die mit anpacken,
            wenn ich selber schwach und hilflos bin.
Freunde, die sich nicht entmutigen lassen.
Freunde, die für mich mithoffen, wenn ich verzweifelt bin.
Freunde, die für mich mitglauben,
            wenn ich nicht mehr glauben kann.

Freunde, die Jesus kennen und mich vor seine Füße legen.
Solche Freunde wünsche ich mir.
Ein solcher Freund möchte ich sein.

(Verfasser unbekannt)

Manchmal wünscht die Konfirmandin oder der Konfirmand *diesen ganz persönlichen Bezug* nicht, das müssen Sie akzeptieren. Lassen Sie sich eine Alternative einfallen.

Möglich wäre dann, sich ein kreatives Gestaltungselement auszusuchen, welches sich durch Ihr ganzes Fest hindurchziehen kann. Als solches Gestaltungselement bietet sich zum Beispiel *die Tulpe*, eine Frühlingsblume, zur Jahreszeit passend, an:

- **Die Einladung** schmückt ein Bild von der Konfirmandin, welche einen dicken Tulpenstrauß in ihren Händen hält.
- **Die Tisch- und die Menükarte** können Sie ganz einfach mit ausgestanzten oder gefalteten Tulpen gestalten.
- **Als Tischschmuck** eignen sich in Schalen eingepflanzte Minitulpen. Tulpenverzierte Tischbänder (Fachhandel) und Tulpenservietten runden die Dekoration ab. Wie Sie einfarbige Servietten als »Tulpe« falten können, finden sie auf den Seiten 64, 65.
- Als **Unterhaltungsangebot** können Sie ein »Gästeerinnerungsbild« als Tulpenstrauß vorbereiten (s. Wunschbaum Seite 96, diesen Baum als Strauß abwandeln)
- **Die Danksagungen** sind ebenfalls tulpenverziert, ein Tulpensymbol gibt es sicherlich im Computer des/der Konfirmanden/in.

In dieser Weise können Sie auch andere Symbole durch Ihre Festgestaltung ziehen lassen. Ihrer Kreativität sind hier keine Grenzen gesetzt!

Zurück zu den Einladungen:

Nicht jede Familie möchte oder kann die Einladungen selbst herstellen. Im Schreibwarenhandel gibt es eine große Auswahl an vorgefertigten Einladungskarten. Auch hier sollten sich die Konfirmanden bei der Auswahl und bei der Beschriftung aktiv beteiligen. Nur wenn Sie die Hauptperson des Festes in alle Entscheidungen und Ausführungen mit einbeziehen, wird es auch ihr/sein eigenes Fest werden!!

Was muss alles in die Einladung hineingeschrieben werden?

- **Wer** wird von **wem** eingeladen ?
- Der **Termin der Konfirmation** sollte in der Einladung deutlich sichtbar sein!
- Der **Ort** des Festes.
- **Wann** der Gottesdienst beginnt,
  wo sich die Familie trifft,
  wo das Fest nach dem Gottesdienst gefeiert wird (falls Gäste erst später anreisen), sollte unbedingt in der Einladung stehen!
- Schön ist es, wenn die Eingeladenen schon in der Einladung spüren, dass sie herzlich willkommen sind, z. B. »Auf Euer Kommen freut sich ...«
- Für Ihre Planung ist es eine große Hilfe, wenn Sie bei der Einladung um Rückantwort bitten, z. B. »U. A. w. g.« (= um Antwort wird gebeten) bis ...

Die Tischkarten/Platzkarten

Bei Tischkarten bzw. Platzkarten gilt dasselbe wie bei den Einladungen: Ein persönlicher Bezug zur Konfirmandin und zum Konfirmanden bzw. zum Fest ist auch hier schön!

- Sie können ein Bild von Ihrer Tochter bzw. Ihrem Sohn auf die Tischkarte kleben (ein aktuelles Foto oder vielleicht ein hübsches Kinderbild).
- Sehr ansprechend wirkt auch ein kleiner Tonvogel (von der Hauptperson selbst hergestellt!) mit dem Namenszettel der entsprechenden Gäste um den Hals gebunden.
- Der Konfirmationsspruch der Konfirmandin, des Konfirmanden auf der Tischkarte stellt bei diesem Fest einen sehr persönlichen Bezug zur Hauptperson her.

Eine schöne Geste ist es, wenn sich die Paten oder die Großeltern an den Vorbereitungen zur Konfirmation beteiligen:

- In einer Familie habe ich erlebt, dass Servietten für die Konfirmation von der Oma bestickt wurden (jede Serviette war mit dem Anfangsbuchstaben des entsprechenden Gastes bestickt). Mit einem Seidenbändchen war das Namensschild um die Serviette gebunden. Dies ist für jeden Gast ein wertvolles Erinnerungsstück an dieses Fest.
- Freunde der Familie haben für unsere Konfirmation Lebkuchenpferde gebacken und mit Zuckerguss die Namen der Gäste aufgespritzt. In Cel-

lophantütchen verpackt, mit Buchs und Karobändchen verziert, war das eine besonders hübsche Platzkarte.

Bei solchen Einsätzen und Beteiligungen von Verwandten oder Freunden kommt zudem unausgesprochen eine wichtige Botschaft für die Konfirmandin und den Konfirmanden an:

Jemand macht sich Mühe für mich.
Jemand zeigt mir: Ich/wir mögen dich,
du bist mir/uns wichtig!

Zur Jahreszeit passend, können Sie Tischkarten mit Frühlingsblumen verzieren und dabei in unterschiedlichster Gestaltungsweise herstellen:

- Getrocknete, gepresste Frühlingsblumen aufkleben.
- Frühlingsblumen falten, ausschneiden oder ausstanzen.
- Eine Miniprimel oder ein Veilchen verwenden, in dem ein buntes Fähnchen steckt, auf welchem der Name der einzelnen Gäste geschrieben steht. Eine solch blumige Idee als Tischkarte erinnert die Gäste nach dem Fest noch lange an den Tag der Konfirmation.

Die Menükarten

Feiern Sie Ihr Fest im Restaurant bzw. in einer Gaststätte, wird Ihnen die Mühe des Schreibens von Menükarten meist von dort abgenommen.

Feiern Sie zu Hause, kann die Konfirmandin oder der Konfirmand die Menükarten selbst mit dem Computer schreiben. Wer eine schöne Handschrift hat, sollte die Karten von Hand schreiben und sie dann für alle Gäste kopieren.

Auf der linken Seite der Menükarte stehen in der Regel die Getränke, auf der rechten Seite die Speisen, das Menü mit all seinen Gängen. Wer ein Buffet aufgebaut hat, schreibt alles, was auf diesem Buffet steht, auf die rechte Seite der Menükarte.

Links über den Getränken können Sie den *Anlass* und das *Datum* schreiben.
Rechts über das Menü setzen Sie: »Konfirmationsmenü von …« Dies schafft einen sehr persönlichen Bezug.
Zwischen den einzelnen Gängen des Menüs sollte eine deutliche Trennung sichtbar sein. Diese könnte beispielsweise mit * * * markiert werden.

Menükarten vervollständigen eine Festtafel, heben sie vom Alltag ab und sind etwas »Besonderes«, deshalb sollten Sie sich diese Mühe auch bei einer Feier zu Hause machen!

Die Menükarte kann gleichzeitig auch als Platzkarte eingesetzt werden. Ein schönes Foto von der Konfirmandin bzw. dem Konfirmanden auf der Frontseite der Menükarte, darunter der Name des entsprechenden Gastes, und schon ist die Menükarte gleichzeitig die Platzkarte.

Außerdem ist eine solche Menü-/Platzkarte eine hübsche Erinnerung an das Konfirmationsfest für alle anwesenden Gäste.

Die Tisch- bzw. Sitzordnung

Wer bei der Konfirmation wo sitzt, ist oft eine schwierige Frage. Die Konfirmandin und der Konfirmand sind die Hauptpersonen, um die sich an diesem Tag alles dreht. Also sind sie auch am Tisch der Mittelpunkt, die »Rangfolge« der Plätze sollte in folgender Reihenfolge vergeben werden:

- Eltern
- Paten
- Großeltern
- Rest der Verwandtschaft
- Für die beste Freundin oder den besten Freund der Konfirmandin, des Konfirmanden sollte ein Platz in unmittelbarer Nähe der Hauptperson reserviert sein!

Sind mehrere Kinder eingeladen, empfiehlt es sich, diese nicht zwischen die einzelnen Erwachsenen zu setzen, weil sie sich dort oft langweilen. Am »Kindertisch« haben die Jüngsten ihren eigenen Spaß. Legen Sie Farbstifte, Papier zum Malen und Kartenspiele in der Nähe dieses Tisches bereit, damit die Zeit zwischen den Gängen nicht zu lang wird.

Manche Konfirmanden möchten nicht bei den »Großen« sitzen, sie fühlen sich am »Kindertisch« noch wohler. Sie können einen »Kompromiss« vereinbaren:

- Beim Mittagessen sitzt die Konfirmandin, der Konfirmand im Mittelpunkt,
- Beim Kaffee ist die Tischordnung aufgehoben, jede/r kann dann sitzen, wo sie/er gerade möchte.

Manchen Familien sind solche »Rangfolgeüberlegungen« zu kompliziert. Sie können ohne große Bedenken die Platzkarten weglassen und die Tischordnung dem Zufall überlassen. *Entscheiden Sie gemeinsam mit Ihrem Nachwuchs, wie Sie die Platzaufteilung in Ihrer Familie regeln.*

Das Tischgebet

Zu einem Fest gehört ein Festessen. Essen ist lebensnotwendig – und darüber hinaus verbindend, sinnlich, kurz: einfach schön.

Beim Festessen sitzen Menschen zusammen und genießen miteinander.

Es ist schön, wenn in die gemeinsame Freude Gott durch ein Gebet mit einbezogen wird. Aber beten Sie nur, wenn Sie es auch wirklich wollen. Wenn Sie es nicht gewohnt sind, vor dem Essen zu beten, dann zwingen Sie sich jetzt nicht dazu, nur weil Konfirmation ist.

Doch falls jemand aus der Familie, vielleicht sogar der Konfirmand, die Konfirmandin, ein Gebet sprechen möchte, gibt es hier eine kleine Auswahl:

Aller Augen warten auf dich,
und du gibst ihnen Speise zur rechten Zeit,
du tust deine Hand auf
und sättigst alles, was lebt, nach deinem Wohlgefallen.

Psalm 145,15+16

Vater, segne diese Speise,
uns zur Kraft und dir zum Preise.

Verfasser unbekannt

Komm, Herr Jesus, sei unser Gast,
und segne, was du uns bescheret hast.

Verfasser unbekannt

Von deiner Gnade leben wir,
und was wir haben, kommt von dir.
Drum sagen wir dir Dank und Preis,
tritt segnend ein in unsern Kreis.

Verfasser unbekannt

Gott, heute feiern wir. Wir sitzen zusammen und wollen es-
sen. Wir denken an dich. Gut, dass es dich gibt.

Sibylle Frisch

Die Tischrede

In manchen Familien wird zur Feier des Tages, zur besonderen Wertschätzung der Konfirmandin, des Konfirmanden eine Rede gehalten.

Für die Tischrede sollten Sie den Vater des Kindes aktivieren, dass er sich rechtzeitig Gedanken dazu macht. Ist der Vater nicht anwesend oder möchte er nicht sprechen, sollte die Patin oder der Pate die Rede übernehmen.

In dieser Rede können Sie

- den Lebensweg Ihres Kindes verbal vorüberziehen lassen.
- Sie können sich bei den Paten für die liebevolle Begleitung auf dem bisherigen Lebensweg der Konfirmandin, des Konfirmanden sowie für all die Mühen, die mit dem Patenamt verbunden sind, bedanken. Die Paten sind mit dem Tag der Konfirmation aus ihrem Patenamt entlassen.
- Auch andere, wichtige Wegbegleiter ihres Kindes können in dieser Rede dankbar erwähnt werden.
- Besonders prägende Ereignisse, sowie einzelne Stationen im bisherigen Leben der Konfirmandin, des Konfirmanden eignen sich ebenfalls als Teil dieser Rede.
- Sie können auch über den Konfirmationsspruch philosophieren.

Ganz wichtig!! Die Rede sollte nicht allzu lange dauern! Sie kann vor dem Mittagessen gesprochen werden. Ein besserer Zeitpunkt ist zwischen den einzelnen Gängen des Menüs. Die Gäste hören viel lieber zu, wenn der Magen nicht mehr knurrt und sie bereits ein oder zwei Gänge gutes Essen genießen konnten.

Es gibt auch die Möglichkeit, dass die Konfirmandin oder der Konfirmand *selbst* eine Tischrede hält. Oben angeführte Inhalte der Rede können als Anregung für das Schreiben einer Rede verwendet werden. Ich wünsche allen mutigen Konfirmandinnen und Konfirmanden ein gutes Gelingen!

Der Tisch- und Raumschmuck

Die Tischdekoration

Der Tischschmuck kann sehr unterschiedlich gestaltet werden. Es gibt kunstvolle Gestecke vom Floristen und ebenso großartige Gestecke von Konfirmandenmüttern.
Wer ein Händchen dafür hat, sollte diese Tischgestecke aber nicht in letzter Minute fertigstellen. Sie sollten bedenken: Über eine Konfirmandenmutter, die am Tisch wegen Erschöpfung einschläft, freut sich kein Konfirmationskind und die Gäste bestimmt auch nicht!

Anstelle von Gestecken können Sie frische Osterglocken oder Tulpen in Sträußen aufstellen. Große Sträuße gehören nicht auf den Tisch, sondern an schöne Plätze, wie Truhen, Ecktische, Fensterbänke oder auf's Buffet. Für den Tisch eignen sich die gleichen Blumen. Entweder stellen Sie einzelne Blumen in dekorative Flaschen bzw. Vasen auf oder fassen kleine Stäuße derselben Blumensorte bzw. Farbe zusammen. Das ist eine farbenfrohe Dekoration mit wenig Aufwand. Farblich abgestimmte Tischbänder und Servietten, die Sie für diesen Anlass besonders falten können, ergänzen den Blumenschmuck.

Im Folgenden finden Sie eine Anregung, wie Sie aus einer einfachen Serviette eine Tulpe »zaubern« können:

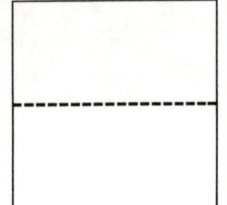

Die Serviette in der Mitte falten, sodass die offene Seite nach unten zeigt.

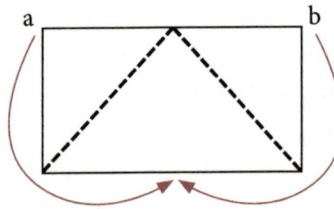

Ecken **a** + **b** jeweils diagonal zur Grundlinie herunterfalten.

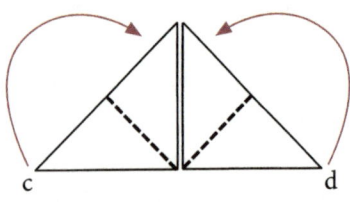

Ecken **c** + **d** jeweils zur oberen Spitze des Dreieckes hochfalten.

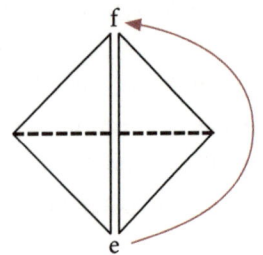

Ecken **e** nach hinten zur Ecke **f** hochfalten, sodass aus dem Quadrat ein Dreieck entsteht.

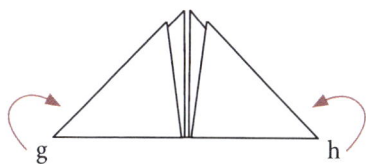

Die lange Seite des Dreiecks gut glattstreichen und die Ecken **g + h** nach hinten biegen. Ecke **h** in Ecke **g** stecken …

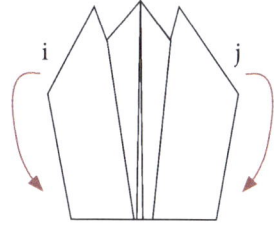

… und mit der linken Hand diese zusammengesteckten Ecken **g + h** ganz fest zusammenpressen. Mit der rechten Hand die abstehenden Ecken **i + j** nach außen wegziehen.

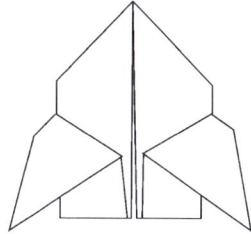

Fertig ist die »Tulpe«.

Weitere Anregungen für hübsch gefaltete Servietten finden Sie in jeder Buchhandlung an Ihrem Ort. Fachkundiges Personal berät Sie dort gerne zu aktuellen Themen.

Als weiterer Tischschmuck wirken locker aufgelegte Seidentücher in den passenden Farben sehr dekorativ.

Ebenfalls sehr schön sehen Buchsgirlanden, mit bunten Seidenbändern umschlungen, auf den Tischen aus. Die Konfirmandin, der Konfirmand kann sich bei der Herstellung der Buchsgirlanden selbst beteiligen. Solcher Tischschmuck lässt sich rechtzeitig in »Gemeinschaftsarbeit« vorbereiten.

In Töpfen oder Schalen eingepflanzte Schneeglöckchen, Vergissmeinnicht, Miniosterglocken oder bunte Primeln können Sie hinterher in Ihrem Garten einpflanzen. Das ist ein Tischschmuck mit »Erinnerungswert«. In manchen Kirchengemeinden finden die Konfirmationen erst im Mai statt. Im Mai können Sie Maiglöckchen in Schalen setzen. Später, an schattigen Stellen in den Garten eingepflanzt, vermehren sie sich Jahr für Jahr!
Welch schöne Erinnerung an dieses Familienfest!!

Die Raumgestaltung

- Zusätzlich zum Blumenschmuck können Sie ganz persönliche Dinge von Ihrem Kind auf dem Tisch dazuschmücken. Bei einem Kind, das Pferde liebt, bietet es sich an, die alten Holzspielpferde zwischen den Blumenschmuck zu stellen.

- Für ein Kind, welches gerne Musik macht, können Sie Noten vom Lieblingsmusikstück abkopieren und diese Kopien wie kleine Tischdecken unter den Blumenschmuck dekorieren. Mit solchen Kopien können Sie auch die Wände schmücken. Jeder Gast, der den Raum betritt, weiß: Heute hat unser Musikus ... seinen Festtag.

- Vielleicht hat Ihr Kind als Konfirmationsspruch ausgewählt: Psalm 23, Der Herr ist mein Hirte ...
Schafe (können ganz leicht selbst hergestellt werden) als Tischdekoration lassen diesen Konfirmationsspruch den ganzen Tag aktuell sein.

- Die Taufkerze vom Konfirmanden hat bei der Konfirmation nochmals ihren »Auftritt«. Stellen Sie die Taufkerze als Mittelpunkt zwischen die anderen Kerzen und brennen sie diese alle an. Dies stellt eine schöne visuelle Verbindung zwischen Taufe und Konfirmation her.

- Es gibt Jugendliche, die im Konfirmationsalter immer noch begeisterte »Lego-Ingenieure« sind. Hier bietet sich an, einige der Bauwerke auf der Festtafel oder an sonstigen Plätzen im Raum aufzustellen.

- Bei Freunden habe ich gesehen, dass sie die ersten kleinen Schuhe ihres Kindes vom Floristen mit Miniosterglocken bepflanzen ließen. Das war ein ganz besonderer Tischschmuck, eine sehr individuelle Dekoration, für die Festtafel.

Den Raum können Sie zusätzlich mit ganz persönlichen Dingen des Konfirmanden ausschmücken.

- Sie können kleinste Kinderkleidung der Konfirmandin, des Konfirmanden an den Wänden dekorativ aufhängen.
- Sie gestalten einen »Konfirmanden-Tisch«, indem Sie dort Gegensätzliches hinlegen:
z. B. erste Schuhe – heutige Skistiefel
Babykleidung – heutige Jeans
Schultüte – letzte Klassenarbeit
erster Zahn – evtl. abgeschnittener Zopf
Hefte aus der 1. Klasse – Zeichnungen
das Kindergartentäschchen, wenn noch vorhanden usw.

Bilder von der Konfirmandin, dem Konfirmanden im unterschiedlichsten Alter können Sie schnell und ohne Aufwand an langen Satinbändern aufhängen. Das Satinband sollte der Stabilität wegen eine Breite von mindestens 5 cm haben. Mit Büroklammern werden die Bilder rechts und links am Band befestigt. Solche persönlichen Dinge bringen die Gespräche immer wieder auf die Hauptperson des Tages zurück: die Konfirmandin bzw. den Konfirmanden.

Die Auswahl der Speisen für die Konfirmation

Normalerweise findet das Festessen am Konfirmationstag nach dem Konfirmationsgottesdienst statt.

In Familien, deren gesamte Verwandtschaft sehr weit entfernt wohnt, wird das Festessen häufig auf den Samstagabend verlegt. Gäste, die 6–7 Stunden Fahrzeit zurücklegen müssen, reisen bereits am Samstag an, um überhaupt am Konfirmationsgottesdienst teilnehmen zu können.

In den meisten Familien jedoch findet das Festessen am Konfirmationssonntag nach dem Gottesdienst statt.

Was wählen Sie für solch ein Festessen aus?

Das »richtige« Konfirmationsmenü gibt es nicht! Es gibt keinerlei Vorschriften für dieses Festessen.

Es gibt Konfirmanden, die mit 14 Jahren immer noch eine Lieblingsspeise wie z. B. »Spätzle mit Soße« haben. In solchen oder ähnlichen Fällen sollte das Menü unbedingt diese Vorliebe mit einbeziehen.

Oft sind Jugendliche in diesem Alter Vegetarier und wünschen sich ein vegetarisches Menü. Das sollten Sie als Eltern respektieren und Ihrem Kind diesen Wunsch erfüllen. Sie haben Bedenken wegen Ihrer Gäste? Onkel Hans, der zu Hause täglich Fleisch isst, kann auch einen Tag fleischlos auskommen. Er erlebt vielleicht erstmals, welch köstliche und gesunde Möglichkeiten ein vegetarisches Mittagessen bieten kann.

Hier gilt derselbe Leitsatz, welcher sich durch das ganze Buch zieht: *die Konfirmandin, der Konfirmand ist die Hauptperson*, diese sollte die gesamten Speisen für den Festtag selbst auswählen und bestimmen dürfen. Ihr/sein Lieblingsessen hat Priorität!

Feiern Sie in einem Restaurant bzw. in einer Gaststätte, bekommen Sie von dort Menüvorschläge angeboten, welche Sie sich zu Hause in Ruhe mit Ihrer Tochter oder Ihrem Sohn anschauen, besprechen und auswählen können.
Zwei bis drei Wochen vorher sollten Sie das ausgewählte Menü bestellen, damit Ihre Wünsche auch alle erfüllt werden können. Die Plätze im Lokal müssen Sie allerdings oft schon 1–2 Jahre im Voraus reservieren. Da an diesen Konfirmationssonntagen unzählige Familien eine Konfirmation feiern möchten, sind viele Gaststätten/Restaurants frühzeitig ausgebucht.

Die Feier zu Hause

Wenn Sie sich entschieden haben, zu Hause zu feiern, gilt dasselbe wie bei einer Feier im Lokal: *rechtzeitig* einen Party-Service bzw. beim Metzger/Bäcker vorbestellen, damit Sie sicher mit deren Unterstützung/Lieferung rechnen können. Für den Fall, dass Sie in Ihrer Wohnung nicht genügend Platz für alle Gäste haben, gibt es Kirchengemeinden, die ihr Gemeindehaus für solche Zwecke vermieten. Auch hier ist rechtzeitige Reservierung notwendig!

Ein wichtiger Tipp für Ihre Feier zu Hause:
Auch die Mutter ist ein Gast des Festes!
Nehmen Sie sich eine Hilfe!

Sie können unmöglich alle Arbeiten selbst erledigen. Außerdem ist es an diesem Tag Ihre wichtigste Aufgabe, an der Seite Ihres Kindes zu sein, dessen Nervosität aufzufangen, sich der Konfirmandin/dem Konfirmanden zuzuwenden, ihr/ihm das Gefühl zu geben: DU bist für mich die wichtigste Person! Heute ist dein Tag!!

In meinem Konfirmationsseminar habe ich Frauen in einer »Erinnerungsrunde« nach ihren eigenen positiven und negativen Erlebnissen befragt. Bei den negativen Erinnerungen tauchten überwiegend auf:

- gestresste, völlig überarbeitete Mütter,
- große Hektik vor und während der Konfirmation,
- Mutter war gar nicht beim Fest, sie stand den ganzen Tag in der Küche, usw.

Solche Erinnerungen sollten Ihre Kinder später einmal nicht äußern müssen!

Deshalb: Nehmen Sie sich eine Hilfe!!!

Bitten Sie eine Freundin oder Nachbarin um Mithilfe am Konfirmationsfest. Es sollte eine Person sein, die sich in Ihrer Küche einigermaßen auskennt und selbstständig arbeiten kann. Diese Hilfe ist verantwortlich, dass immer genügend Kaffee gekocht, Kuchen aufgeschnitten, abgeräumt, gespült ist usw.

Natürlich würden auch einige Gäste bei diesen Arbeiten mit anpacken, aber es ist für das Gelingen Ihres Festes schöner und für Sie und Ihre Gäste entspannter, wenn auch genügend Zeit und Raum für Gespräche, Spiele, Spaziergänge und ähnliches vorhanden ist.

In manchen Städten gibt es einen Catering-Service. Oft bieten gute Lokale einen solchen Service an. Diese Betriebe liefern Ihnen nicht nur Speisen und Getränke ins Haus. Dort können Sie auch Service- und Küchenpersonal anfor-

dern sowie Geschirr, Besteck, Gläser und Tischdecken aus-
leihen.

Falls solch ein »Rundum- Service« nicht in Ihrer Nähe ist,
sollten Sie rechtzeitig überlegen:
Sind folgende Dinge in ausreichender Zahl vorhanden?

- Teller und Tassen,
  Nachtischschalen bzw.-teller nicht vergessen!
- Besteck
- Tortenheber, Kuchenplatten
- Gläser
- Thermoskannen für Kaffee und Tee
- Tische und Stühle
- Tischdecken,
  hier können Sie auch weiße, gut gebügelte Betttücher verwenden.
- große Platten für das Buffet,
  mit Alufolie überzogen können Sie auch Backbretter und -bleche um-
  funktionieren.
- genügend Vasen,
  auch Blumenübertöpfe können als Vasen verwendet werden.
- reichlich Gästetücher,
  falls Sie Papierhandtücher benützen, Mülleimer bereitstellen.

Fragen Sie rechtzeitig im Freundes- und Verwandtenkreis
nach, wer Ihnen etwas ausborgen könnte. Für Geschirr,
Besteck und Gläser lohnt es sich, den Aktionsverkauf im
Fachhandel zu beachten.

Der Empfang in Ihrem Hause

Im Anschluss an den Konfirmationsgottesdienst bietet es sich an, einen Stehempfang vor dem Mittagessen zu veranstalten. Die Gäste können gratulieren, Geschenke überreichen, einen Aperitif vor dem Essen genießen. Meist dauert es eine ganze Weile, bis alle Gäste nach dem Konfirmationsgottesdienst in Ihrem Haus versammelt sind.

Bereiten Sie neben Sekt, Sherry oder was Sie sonst anbieten möchten, unbedingt auch einen alkoholfreien Saftcocktail vor, damit für alle Gäste ein »Begrüßungsdrink« bereitsteht.

Das Mittagessen

Für das Familienfest zu Hause bietet sich ein kalt/warmes Buffet an, da es leichter ist, 30 Personen am Buffet zu verköstigen, als ein 4-Gänge-Menü für 30 Personen zu kochen. Das Menü einzeln auf Teller anzurichten und dann möglichst gleichzeitig und vor allem warm zu servieren, ist nicht einfach. Dafür benötigen Sie sehr viel Personal.

Manche Speisen für das Buffet lassen sich bereits ein paar Tage im Voraus fix und fertig zubereitet einfrieren. Zum Fest aufgetaut, mit frisch zubereiteten Gerichten kombiniert, bereichern diese Speisen »stressfrei« Ihr Speisenangebot. Aufläufe, Gratins lassen sich am Tag vorher zubereiten und sind beim Fest ohne großen Aufwand fertigzubacken. *Eine gute Planung ist hier die halbe Arbeit!*

Überlegen Sie gut, ob genügend Platz für das Buffet vorhanden ist. Der Tisch muss gut zugänglich sein, Ihre Gäste sollen sich das Essen holen können, ohne irgendwo anzustoßen.

Rezeptvorschläge würden den Rahmen dieses Buches sprengen. Leckere Rezeptanregungen und Ideen für Menüs sowie für das Buffet finden Sie in jeder Buchhandlung an Ihrem Ort. Fachkundiges Personal berät Sie dort gerne zu aktuellen Themen.

Bei festlichen Anlässen wie der Konfirmation können Sie das Buffet ähnlich einer Menüfolge bestücken:
(die Gänge nacheinander, *nicht* gleichzeitig auf dem Buffet anrichten).

1. Gang:
Beginnen Sie mit einem kalten Vorspeisenbuffet, das lässt sich gut vorbereiten und bereitstellen.

2. Gang:
Die Suppe, bereits vorgekocht, kann im großen Topf direkt auf das Buffet gestellt und dort warmgehalten werden. Suppenteller oder -tassen (sowie die Teller für den Hauptgang) im Backofen bei 80°–100° vorwärmen, das garantiert eine heiße Suppe.

3. Gang:
Für den Hauptgang sollten Sie genügend Warmhalteplatten, Rechauds bzw. Stövchen bereitstellen, damit die Speisen möglichst lange warm bleiben.
Für diesen Gang können Sie verschiedene Salate vorbereiten und Fleisch, Fisch, Gratins und Beilagen fix und fertig vom Party-Service dazu bringen lassen. Solch ein Service bringt die warmen Speisen in Warmhaltegeräten.

4. Gang:
Das Dessert beendet das mittägliche Festessen.
Cremes und Grützen lassen sich gut am Tag vorher zubereiten. Eis gibt es in jeder Geschmacksrichtung, ein Obst-

korb mit frischen Früchten macht das Dessertbuffet nicht nur vollständig, sondern ist gleichzeitig ein dekorativer Blickfang.

Viele Gäste sitzen ungern den ganzen Tag auf ein und demselben Platz. So ein Buffet schafft, neben der Versorgung mit Speisen, die Möglichkeit, zwischendurch immer mal wieder Bewegung zu haben und andere Gäste zu treffen. So ergibt sich mit Menschen, die vielleicht am anderen Ende des Tisches sitzen, beim Essenholen oft ein nettes Gespräch.
Sie sehen, das Buffet bietet viele Vorteile!

Meistens ist in der Küche zu wenig Platz für ein Buffet, weil dort das gebrauchte Geschirr noch genügend Platz finden muss. Ein ausgeräumtes Esszimmer oder der etwas kühlere Eingangsbereich (vor allem für die Sahnetorten am Nachmittag) bietet sich daher eher für den Aufbau eines Buffets an.
Mit schmalen Bier-, Camping- oder Schreibtischen haben Sie genügend Stellfläche. Teller sollten unbedingt am Anfang des Buffets stehen, Besteck und Servietten sind besser am Ende aufgehoben, damit die Gäste ihre Hände frei haben, um sich mit den leckeren Speisen zu bedienen.
Eine weitere Möglichkeit wäre, obwohl Sie ein Buffet aufgebaut haben, die Festtafel mit Tellern, Besteck, Servietten und Gläsern einzudecken. Das sieht wesentlich festlicher aus, als wenn die Teller am Buffet gestapelt sind. Jeder Gast kann mit seinem Teller zum Buffet gehen und sich bedienen.

Für die älteren Gäste, die nicht mehr so beweglich sind, dass sie leicht an das Buffet gelangen, gibt es sicherlich jugendliche Hilfe. Vielleicht können Sie für solche Aufgaben die Geschwister der Konfirmandin, des Konfirmanden gewinnen.

Getränke können, wenn es der Platz erlaubt, auf den Tischen eingestellt werden. Ist nicht genügend Platz vorhanden, bauen Sie einen eigenen Tisch für Getränke und Ersatzgläser auf (dafür kann zum Beispiel Ihr Bügelbrett umfunktioniert werden). In leeren Sprudel- und Saftkästen, die unter dem Tisch deponiert sind, verschwinden leere Flaschen relativ schnell. Wichtig ist eine lange Tischdecke, welche solche Stauräume gut versteckt.

Ein weiterer Kühlschrank für Getränke oder Torten kann bei vielen Getränkehandlungen für ein paar Tage ausgeliehen werden.

Der Einkauf von Getränken lässt sich zwei Wochen vorher noch völlig stressfrei erledigen. Lassen Sie solche Aktionen nicht bis zum Samstag vor dem Fest anstehen.

Der Nachmittagskaffee

Für das Kuchenbuffet sollten Sie unbedingt eine zweite Tischdecke bereithalten. Fruchtige Kuchen sehen auf Bratensoße- und Dessertflecken wenig appetitlich aus.
Möchten Sie den Tisch zum Nachmittagskaffee wiederum festlich decken, dann falten Sie die Servietten bereits am Tag zuvor, denn für solche Kunststücke bleibt Ihnen am Konfirmationssonntag unmöglich Zeit!
Beim Aufschneiden der Kuchen sollten Sie möglichst kleine Kuchenstücke schneiden! Ihre Gäste möchten von den verschiedenen Köstlichkeiten des Kuchenbuffets probieren und nicht mit einem Riesenstück gesättigt sein.
Pro Gast berechnet man 1,5 Stücke Kuchen. Wer von Ihnen wird das wohl einhalten können ?

Bsp.: Bei 20 Gästen berechnen Sie 30 Stücke, das wären drei Kuchen. Die Rechnung geht auf, aber keine Festveranstalterin glaubt, dass diese Menge wirklich reichen würde!

Wenn Sie am Tag nach der Konfirmation einen Helfer- bzw. Nachbarschaftskaffee geplant haben, kann es sinnvoll sein, eventuell gleich mehrere Kuchen vorzubereiten.

Es gibt Konfirmandenmütter, die sind die reinsten Konditorinnen, und trotzdem sollten Sie als Mutter nicht den Anspruch haben, alle Kuchen selbst zu backen.

Schwestern, Schwägerinnen und Freundinnen oder Nachbarinnen sind Ihnen sicherlich gerne behilflich, denn auch die haben einmal eine Konfirmation oder ein anderes Fest auszurichten, wo Sie sich dann revanchieren können.

Sind viele Kinder bei Ihrem Fest eingeladen, brauchen Sie eine größere Menge Rührkuchen. Die meisten Kinder ziehen einer sahnigen Torte den beliebten Marmorkuchen vor!

Sind Gäste dabei, die nicht mehr zum Abendessen bleiben können, bietet sich ein »Kaffee-Vesper« an. Nach dem meist üppigen Mittagessen muss der Nachmittagskaffee zeitlich nicht schon um 15.00 Uhr stattfinden. Weichen Sie auf den späten Nachmittag aus und stellen Sie auf das Kuchenbuffet gleich noch ein paar Butterbrezeln, belegte Brote, Schinkenhörnchen o.ä. dazu. Die Gäste, welche noch eine lange Heimfahrt haben, werden Ihnen dankbar sein, dass sie das Fest nicht mit Süßem abschließen müssen.

Das Essen am Abend

Für den Abend brauchen Sie kein umfangreiches Essen mehr zu planen. Gäste, die von weit her angereist sind, müssen evtl. am Nachmittag schon wieder heimreisen und sind daher am Abend gar nicht mehr da.

Bei Freunden habe ich erlebt, dass es eine leckere Tomatensuppe und Stangenweißbrot gab, was bei ihren Gästen sehr gut ankam.

Vielleicht kommen bei Ihnen am Abend noch neue Gäste dazu (Nachbarn, Familienfreunde usw.). In diesem Falle sollten Sie noch etwas mehr anbieten als eine Suppe. Die restlichen Salate vom Mittagessen lassen sich am Abend nochmals verwenden, wenn diese nicht angemacht waren. Stellen Sie deshalb die Salatsoßen extra zum Salat, damit die Reste am Abend für das Buffet verwendet werden können. Kalte Wurst-und/oder Käseplatten, Fischplatten, Antipasti, Rohkostplatten mit verschiedenen Dips, Schinkenhörnchen, frisch aufgebackenes Brot, Laugengebäck, Käsestangen usw. bieten sich für das abendliche Buffet an. Einen schönen Braten aus dem Rohr, einen frisch aufgebackenen Gemüsekuchen oder Fischfrikadellen werden von Ihren Gästen sicherlich gerne verspeist.

Was Sie nicht vergessen sollten!

Garderobe

Die Konfirmation findet meist im frühen Frühling statt. Das hat zur Folge, dass alle Gäste an diesem Fest mit warmen Mänteln oder dicken Jacken in Ihr Haus kommen werden. Räumen Sie Ihre Garderobe für die Gäste frei, bei vielen Gästen müssen Sie einen zusätzlichen Kleiderständer aufstellen. Falls Sie im kühleren Eingangsbereich den Platz für Ihr Buffet benötigen, kann die Garderobe auch in eines der Kinderzimmer bzw. ins Schlafzimmer umverlegt werden.

Geschenketisch

Bereiten Sie einen Tisch vor, auf dem die Konfirmandin, der Konfirmand die Geschenke auspacken und ablegen kann. Hierfür bietet sich aus Platzgründen das Zimmer des Jugendlichen an.

Ich finde es wichtig, dass die Konfirmandin oder der Konfirmand eine Geschenkeliste anlegt. Dazu kann ein einfaches Schulheft benützt werden. Jedes Geschenk, das die Konfirmandin, der Konfirmand erhält, wird in dieses Heft eingetragen. Außerdem kann gleichzeitig vermerkt werden, ob sie/er sich für dieses Geschenk gleich bedankt hat. Solch ein Notizheft erleichtert den Überblick:

- Was habe ich von wem geschenkt bekommen?

So entstehen keine Verwechslungen und was noch viel wichtiger ist:

- Bei wem habe ich mich schon bedankt, wem muss ich noch DANKE sagen?

Fotos von der Konfirmation

Beauftragen Sie einen oder mehrere Ihrer Gäste, zu fotografieren bzw. zu filmen. Sie als Gastgeber werden kaum Zeit dafür finden und es wäre schade, wenn später keine Erinnerungsfotos von diesem hoffentlich schönen Festtag vorhanden wären.

Bedenken Sie dabei, dass es eine Unsitte ist, während des Gottesdienstes in der Kirche zu fotografieren. Bitten Sie Ihre »Fotografen«, dies zu unterlassen und erst am Ende des Gottesdienstes Fotos von Ihrer Konfirmandin oder Ihrem Konfirmanden in der Kirche zu knipsen. Oft ist eine Person (evtl. ein professioneller Fotograf) bestellt, während des Gottesdienstes störungsfrei zu fotografieren.

Ein Gruppenfoto von allen Gästen ist eine schöne Erinnerung an dieses Konfirmationsfest. Meist wird diese Aktion als »altbacken« abgestempelt, aber bereits fünf Jahre später steigt der Wert eines solchen Fotos ungemein. Beim 60. Geburtstag des Konfirmanden ist so ein Foto höchst interessant, um Erinnerungen wieder zu wecken.

Raucher beim Fest

Sind Sie selbst Raucher, wird dieser Punkt für Sie entfallen. Sind Sie jedoch Nichtraucher und möchten nicht, dass in

Ihrer Wohnung geraucht wird, ist es schön für Ihre rauchenden Gäste, wenn Sie sich eine Alternative überlegen. Eine gute Möglichkeit ist es, den Balkon oder die Terasse mit Gartentisch und -stühlen vorzubereiten und für genügend Aschenbecher zu sorgen. Bei einem Fest habe ich erlebt, dass ein Stehtisch mit Schirm zum Schutz gegen Sonne und Regen vor dem Haus platziert war. Ein kleiner Blumenschmuck auf dem Tisch zeigte den Rauchern, dass sie zwar vor das Haus verbannt, aber mit liebevoller Gastlichkeit bedacht waren.

Am Tag vor der Konfirmation…

… ist Hilfe wichtig! Das Zimmer muss aus- bzw. umgeräumt werden. Der Tisch sollte fertig gedeckt und geschmückt sein. Die Kuchen müssen fertiggestellt werden, Salate, Vor- und Nachspeisen können vorbereitet werden. Erledigen Sie *alle* nur möglichen Vorbereitungen an diesem Tag, lassen Sie nichts für den eigentlichen Festtag offen. Sie werden am Konfirmationsmorgen Ihre Zeit für Ihre Tochter, Ihren Sohn benötigen.

Wenn Sie geschickt organisieren können, dann planen Sie am Vorabend der Konfirmation noch ein Entspannungsbad für *sich selbst* ein. Das tut Ihnen nach all den Vorbereitungen sicherlich besonders gut, außerdem ist solch ein Bad für einen guten Schlaf förderlich.

Die Unterhaltung der Festgesellschaft

Die Unterhaltung der Festgesellschaft zwischen den Mahlzeiten ist keine einfache Sache. Es gibt Familien, die leidenschaftlich gerne spielen, und Familien, die solche Aktionen als »Kinderkram« völlig ablehnen.

Zwischen diesen beiden Extremen gibt es eine große Anzahl von Familien, für welche dieses Kapitel Anregungen und Hilfe zur Gestaltung eines Programms am Konfirmationstag bietet.

Zahlreiche und ganz unterschiedliche Unterhaltungsmöglichkeiten sind hier zusammengestellt. Sie sollten auf gar keinen Fall *alle* Angebote übernehmen, sondern wohldosiert auswählen, was zu Ihrer Familie und auch zu Ihren Gästen passt.

Die Konfirmandin bzw. der Konfirmand sollte auch bei dieser Vorbereitung voll in die Auswahl und Entscheidung mit einbezogen sein! Führen Sie die Unterhaltungsangebote nur durch, wenn Ihre Gäste auch Lust zum Mitmachen haben. Ein gutes Gespräch sollte in jedem Fall den Vorrang haben!

> *Von einem gelungenen Familienfest sprechen wir,*
> *wenn die unterschiedlichen Generationen*
>
> *miteinander ins Gespräch kommen,*
> *lachen,*
> *fröhlich sind,*
> *die Gemeinschaft genießen.*

Nur selten gelingt das von selbst, aber mit einer überlegten Auswahl an Unterhaltung können Sie viel zum Gelingen des Festes beitragen!

Bilderalben von der Hauptperson

Eine gute Unterhaltungsmöglichkeit ist es, wenn Sie die Bilderalben Ihres Nachwuchses, der jetzt konfirmiert wird, aktualisieren.

Solche Vorbereitungen können Sie *völlig stressfrei* bereits im Herbst/Winter vor der Konfirmation treffen. Oft müssen fehlende Bilder nachbestellt werden oder noch in Alben eingeklebt und beschriftet werden.

Eine Fotokiste mit einer Bildersammlung durch die Jahre

ist eine ebenso gute Unterhaltung wie ein Album. Sie sollten jedoch auch diese »Sammlung« etwas vorbereiten, indem Sie die Bilder auf der Rückseite mit Datum und Anlass beschriften!

Ich selbst habe erlebt, welch gelungene Unterhaltung eine solche »Rückschau« auf das Leben der Konfirmandin, des Konfirmanden sein kann! Es wurde viel gelacht, weil alle Gäste auch mal selbst in den Alben vorkamen: »Nein, so habe ich vor zehn Jahren noch ausgesehen …« oder: »Sooo viele Haare hatte ich damals noch!« Oder:«Weißt du noch, als ich damals vom Baum gefallen bin und den Arm gebrochen hatte?«

Solche und ähnliche Aussagen konnte man immer wieder hören. Erinnerungen lebten auf, gemeinsam Erlebtes wurde wieder wach, was alle Anwesenden sehr genossen.

Besonders auffallend war: Keiner der Gäste hat ein Album allein angesehen! In Gruppen von zwei bis sechs Personen haben die Gäste die Alben regelrecht »verschlungen«. Dadurch entstanden angeregte und interessante Gespräche zwischen den Generationen!

Ein Vorteil der Bilderalben gegenüber Dias oder Filmen ist, dass jeder Gast die Bilder in seinem eigenen Tempo ansehen kann. So kann er bei bestimmten Bildern länger verweilen bzw. aufhören, wenn es genug ist.

Kino – Kino

Einen ähnlichen Unterhaltungswert wie Bilderalben hat auch dieses Beispiel. Besitzen Sie alte Dias oder Filme von der Konfirmandin, dem Konfirmanden, dann können Sie einen kleinen Lebensrückblick zusammenstellen.

Wem das zu langweilig ist, der kann auch besonders lustige Begebenheiten aus dem Leben seiner Tochter oder seines Sohnes heraussuchen und vorstellen.

Ganz wichtig ist für dieses Unterhaltungsangebot: Suchen Sie höchstens 20-30 Bilder heraus oder ca. 15–20 Min. Filmmaterial.

Hier gilt wie so oft: *Weniger ist mehr!*

Außerdem sollten Sie bei dieser Unterhaltungsmöglichkeit respektieren: Jugendliche im Konfirmationsalter können eigene Nacktfotos vom Wickeltisch nur ungut ertragen. Darüber lachen sie erst bei ihrer eigenen 40er-Feier, wenn der Abstand etwas größer ist.

Erinnerungen

Viele Mütter haben seit der Geburt des Kindes, möglicherweise auch schon während der Schwangerschaft, ein Tagebuch geführt. Dort sind die Entwicklungsschritte und wichtige Ereignisse der Konfirmandin, des Konfirmanden in allen Einzelheiten festgehalten.

Vielleicht können Sie, die Mutter, einige Begebenheiten daraus vorlesen? Auch Väter können von solchen Ereignissen und Erlebnissen berichten!

Erinnerungen aus dem Tagebuch bieten sich auch für das folgende Unterhaltungsangebot an.

Quiz: Wie gut kennen die Gäste die Konfirmandin bzw. den Konfirmanden?

Ein Quiz um die Person, die konfirmiert wird, zusammenzustellen, erfordert einige Zeit an Überlegungen und Mühe. Lange Winterabende bieten hierfür Zeit und Muße. Ein rechtzeitig vorbereiteter Fragebogen für das Quiz beruhigt Ihre Nerven und vermindert den Stress in den letzten zwei Wochen vor dem Konfirmationsfest.

Die Fragen für das Quiz sollten mit der Hauptperson des Tages und deren Leben zu tun haben. Für Ihre Gäste ist es von Vorteil, wenn Sie die Fragen so formulieren, dass verschiedene Antworten gleich vorgegeben sind.

Die Antworten können Ihre Gäste durch Ankreuzen bzw. Streichen als richtig oder falsch kennzeichnen. An solchen Festtagen hat kein Gast Lust, lange Aufsätze zu schreiben!

Nachfolgend einige Beispielfragen, aus denen Sie Ihren persönlichen Fragebogen zusammenstellen können:

1. Wo ist .... geboren?
a) ○ im Krankenhaus
b) ○ zu Hause
c) ○ auf dem Weg zum Krankenhaus

2. Zu welcher Uhrzeit ist ....geboren?
a) ○ um 2.15 Uhr
b) ○ um 10.30 Uhr
c) ○ um 16.50 Uhr

3. Wann war die Taufe von ....?
a) ○ am 1. Advent 1983
b) ○ am 21.01.1984
c) ○ an Ostern 1984

4. Mit wie viel Jahren kam .... in den Kindergarten?
a) ○ mit 3 Jahren
b) ○ mit 4 Jahren
c) ○ mit 5 Jahren

5. Zum vierten Geburtstag erhielt .... ihr erstes Fahrrad. Was hat sie dafür aufgeben müssen?
a) ○ nachts bei Mama im Bett zu schlafen
b) ○ sie hat ihr Dreirad verkaufen müssen
c) ○ sie hat ihren Schnuller in den Müll geworfen

6. Wir hatten schon viele Haustiere.
   Welches war das Lieblingstier von .... ?

a) ○ Zwerghase

b) ○ Meerschweinchen

c) ○ weiße Maus

7. Wie heißt der allerbeste Freund von ....?

a) ○ Mats

b) ○ Götz

c) ○ Johannes

8. Welchen Berufswunsch hat ....?

a) ○ Hebamme

b) ○ Steuerberaterin

c) ○ Sportlehrerin

9. .... ist Computerfan. Mit was lässt er/sie sich
   vom Computer weglocken?

a) ○ Gesellschaftsspielen

b) ○ Lego-Technik

c) ○ Sport

10. Was ist das Lieblingsessen von ....?

a) ○ Schnitzel und Pommes frites

b) ○ Gemüseauflauf

c) ○ Pizza mit Meeresfrüchten

d) ○ Rumpsteak mit Kräuterbutter

e) ○ Tomatensuppe

11. Wo verbringt .... am liebsten seine Ferien?

a) ○ in den Bergen

b) ○ am Meer

c) ○ bei Oma und Opa

12. Unser erster Urlaub mit .... nach Italien bescherte uns einige Aufregung. Was war der Grund?

a) ○ wir hatten einen Autounfall

b) ○ unser Kind ging verloren

c) ○ Ausweis und Papiere wurden gestohlen

13. Welches ist die Lieblingsfarbe von ....?

a) ○ schwarz

b) ○ violett

c) ○ gelb

14. Was ist im Moment der größte Wunsch von ....?

a) ○ eine Reise in die Toscana

b) ○ ein eigener Computer

c) ○ nicht mehr in die Schule gehen zu müssen

d) ○ Gitarrenunterricht zu nehmen

15. Welche Lieblingsmusikgruppe hat ....?

a) ○ Lady Gaga

b) ○ Pur

c) ○ Backstreet Boys

d) ○ Bloodhound Gang

e) ○ Die Toten Hosen

e) ○ ....

16. Was macht .... derzeit am liebsten?
    Mehrfachnennungen erwünscht

a) ○ in die Schule gehen
b) ○ sich mit Freunden/innen treffen
c) ○ Jugendgottesdienst besuchen
d) ○ Computer spielen
e) ○ mit den Eltern spazieren gehen
f) ○ Rasen mähen
g) ○ Sport treiben
h) ○ zum Italiener gehen
i) ○ Filme anschauen
j) ○ verreisen
k) ○ Musik hören
l) ○ selbst Musik machen
m) ○ lesen
n) ○ Haare färben
o) ○ seinen kleinen Bruder ärgern

Stellen Sie aus diesen Beispielfragen Ihren persönlichen Fragebogen zusammen. Sicherlich fallen Ihnen noch andere, zu Ihrem Nachwuchs passendere Fragen ein.

Sie können für jeden Gast einen eigenen Fragebogen vorbereiten. Lustiger wird die Beantwortung des Quiz', wenn die Gäste zu zweit oder in kleinen Gruppen den Fragebogen ausfüllen.

Gewinner ist *nicht*, wer als Erster den Fragebogen ausgefüllt hat, sondern wer bzw. welche Gruppe die meisten Fragen *richtig* gelöst hat.

Die Auswertung wird interessant, wenn Sie gemeinsam Frage für Frage durchgehen und die Konfirmandin, der Konfirmand selbst die richtige Antwort verkündet. Für jede richtige Antwort erhält die jeweilige Gruppe eine Glasmurmel. Am Ende wird ausgezählt; die Gruppe mit den meisten Murmeln ist die Gewinnergruppe.

Reise nach Jerusalem

Nach dem meist üppigen Festessen sind die Gäste oft müde und schlapp. Um sie wieder in Schwung zu bringen, ist die altbekannte »Reise nach Jerusalem« ein gutes Bewegungsangebot.

Sie brauchen dazu: genügend Stühle, jedoch einen Stuhl weniger als Teilnehmer. Diese Stühle stellen Sie in einer langen Reihe in die Mitte des Raumes. Abwechselnd sollte eine Sitzfläche nach der einen Seite, die folgende Sitzfläche nach der anderen Seite zeigen usw.

Die Konfirmandin bzw. der Konfirmand hat vorher seine Lieblingsmusik ausgesucht und lässt diese nun abspielen. Während die Musik spielt, gehen die Mitspieler um die lange Stuhlreihe herum. Plötzlich wird die Musik gestoppt. Dies ist das Zeichen, sich schnellstens einen Sitzplatz in der Reihe auszusuchen. Eine/r der Gäste wird keinen freien

Sitzplatz finden, da ja ein Stuhl zuwenig aufgestellt wurde. Diese Person scheidet aus. Ein weiterer Stuhl wird aus der Stuhlreihe weggestellt, sodass wieder ein Sitzplatz zu wenig vorhanden ist.

Die Musik spielt weiter, und alle Mitspieler gehen wieder zur Musik um die Stühle herum. Bei Musikstopp wiederholt sich das »Platzgerangel«.

Nacheinander scheiden die Gäste aus, bis zum Schluss nur noch ein Stuhl aus der zuvor langen Stuhlreihe übrig bleibt.

Um diesen Stuhl »rangeln« sich die beiden letzten Mitspieler. Wer den Sitzplatz »erhascht«, ist der Gewinner dieses Spieles. Spaßig ist es auch bei diesem Spiel, wenn Jung und Alt gemeinsam mitmachen.

Das Flüstertelefon

Dieses Spiel können Sie mit weit weniger Platz als die »Reise nach Jerusalem« spielen. Beim »Flüstertelefon« können alle Gäste an der Festtafel sitzenbleiben. Alle Generationen können hier mitspielen!

Die Konfirmandin, der Konfirmand beginnt und flüstert dem Tischnachbarn auf der rechten Seite ein Wort (einen Satz) in dessen linkes Ohr. Dieser Gast flüstert ebenfalls seinem Tischnachbarn auf der rechten Seite das, was er verstanden hat, ins linke Ohr usw. Dabei entstehen oft sehr lustige Ergebnisse! Selten kommt am Ende der »Telefonleitung« das Wort vom Anfang an.

Wenn Sie schon etwas Übung im »Flüstern« haben, können Sie auch längere Botschaften (z. B. Sprichwörter) durch das »Flüstertelefon« senden. Viel Spaß dabei!

Baum der Wünsche

Beim »Baum der Wünsche« handelt es sich um ein Unterhaltungsangebot mit Erinnerungswert. Bereiten Sie auf einem Fotokarton einen kahlen Baum vor. Stamm und Äste breiten sich großzügig über den ganzen Karton aus. Aus Tonpapier schneiden Sie Blätter und Blüten aus und legen diese in ein Körbchen, welches Sie zum Baum (Bild) dazustellen.

Alle Gäste schreiben am Konfirmationstag ihre Wünsche für die Konfirmandin oder den Konfirmanden auf die vorbereiteten Blätter und Blüten. Diese beschrifteten Blätter und Blüten werden an die kahlen Äste des Baumes angeklebt. So entsteht langsam ein dicht bewachsener Wunschbaum für das weitere Leben des konfirmierten Jugendlichen.

Das ist ein wertvolles Erinnerungsstück an diesen Festtag!

Im selben Stil können Sie auch einen »Strauß« ohne Blüten vorbereiten. Die Blüten werden am Konfirmationsfest von den Gästen beschriftet und angeklebt.

Puzzle von der Hauptperson

Fotogeschäfte haben immer mal wieder Aktionen, bei denen sie aus selbstfotografierten Bildern ein Puzzle anfertigen. Lassen Sie ein solches Puzzle von Ihrer Konfirmandin, Ihrem Konfirmanden herstellen. Die Gäste sollten im Voraus nicht erfahren, *was* oder *wer* auf dem Foto abgebildet ist. Jeder Gast erhält 2–3 Puzzleteile. Gemeinsam wird zusammengepuzzelt, was aus den Teilen machbar ist. Was dabei wohl für ein Bild entsteht? Probieren Sie es einfach aus!

Wunschkonzert

Einmal war ich mit meiner Familie bei einer sehr sanges-
freudigen Patchworkfamilie zur Konfirmation eingeladen.

Die zusammengewürfelten Familien kannten sich noch
nicht sehr lange. Vorsichtig wurden freundliche »Anstands-
gespräche« geführt. Als es nach dem Nachmittagskaffee
gerade etwas langweilig zu werden drohte, holte einer der
Gäste ganz spontan (vielleicht auch geplant?!) seine Gitarre
aus dem Auto. Die Konfirmandin durfte sich ein Lied wünschen, und alle Gäste stimmten in den Gesang mit ein.

Danach durfte sich die Mutter ein Lied wünschen.

Der Großvater der Konfirmandin wollte gerne ein Lied aus
seiner Jugendzeit gespielt bekommen:

»Kein schöner Land in dieser Zeit« Da hatten wir Jüngeren
beim Mitsingen mächtig Schwierigkeiten mit dem Text.
Das war kein Problem für den Musiker, der für diesen Fall
vorgesorgt hatte. Er verteilte mehrere Liederhefte mit bun-
ter Liedauswahl, so dass der Text für viele Lieder vorhanden war.

Reihum durften sich alle Gäste ein Lied wünschen. Inzwischen war bei uns allen die »Sangeslust« erwacht, weshalb
jeder Gast ein zweites und weiteres Wunschlied äußern
konnte.

Ganz unterschiedliche Musikrichtungen kamen da zusammen und wurden in großer gegenseitiger Toleranz und mit
viel Spaß gemeinsam gesungen. Da gab es Beatles-Songs

zwischen Volksliedern und alte Schlager zwischen Lumpenliedern. Alle Generationen hatten ihre Freude am »Wunschkonzert«, weshalb es auch über zwei Stunden gedauert hat. Ich kann mich noch gut an die fröhliche Stimmung, an die Heiterkeit und die Gemeinschaft erinnern, die durch das Singen aller Gäste miteinander entstanden ist.

Bei dieser Konfirmation habe ich nachfolgendes Lied kennengelernt, das ich Ihnen gerne als »Familienfestlied« mitgeben möchte.

Miteinander

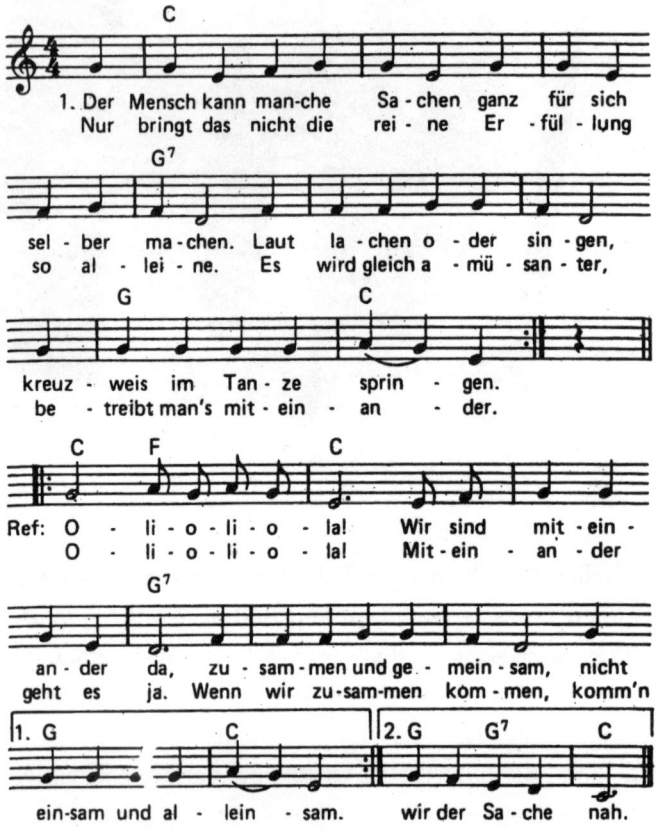

1. Der Mensch kann man-che Sa - chen ganz für sich
   Nur bringt das nicht die rei - ne Er - fül - lung

   sel - ber ma - chen. Laut la - chen o - der sin - gen,
   so al - lei - ne. Es wird gleich a - mü - san - ter,

   kreuz - weis im Tan - ze sprin - gen.
   be - treibt man's mit - ein - an - der.

Ref: O - li - o - li - o - la! Wir sind mit - ein -
     O - li - o - li - o - la! Mit - ein - an - der

   an - der da, zu - sam - men und ge - mein - sam, nicht
   geht es ja. Wenn wir zu-sam-men kom - men, komm'n

1. G | C
   ein-sam und al - lein - sam.

2. G G7 C
   wir der Sa - che nah.

2. Zu manchen Tätigkeiten bedarf es eines Zweiten: So etwa
   zum Begleiten, zum Tratschen und zum Streiten. Auch
   das Zusammen-Singen soll zweisam besser klingen. Erst
   recht in Liebesdingen lässt sich zu zweit mehr bringen.

3. *Sodann das Fußballspielen geht immer nur mit vielen –*
wie auch das Volksfest feiern und das nicht nur in Bayern.
Auch Demonstrationen, wenn sie den Aufwand lohnen,
erfordern eine Menge an menschlichem Gedränge.

4. *Im wesentlichsten Falle, da brauchen wir uns alle auf die-*
sem Erdenballe, damit er nicht zerknalle. Schiebt alle
Streitigkeiten für eine Weil auf Seiten, und lasst uns drü-
ber streiten dereinst in Friedenszeiten.

5. *Befällt uns das Verzagen, so müssen wir's verjagen. Viel-*
leicht zusammen singen, ein Fass zu Ende bringen. Lasst
uns zusammen juchzen, und wenn es sein muss, schluch-
zen. Der Mensch braucht jede Menge ganz menschliches
Gedränge.

T: Dieter Süverkrüp, M: aus Italien
Rechte: Aktive Musik Verlagsgesellschaft mbH, 44381 Dortmund

Falls Sie solch einen *Spontanmusiker* unter Ihren Festgästen haben, bitten Sie ihn rechtzeitig, sein Instrument und unbedingt Texte mitzubringen!

> *Bedenken Sie bei der Auswahl an Unterhaltungsangeboten, was bereits am Anfang dieses Kapitels erwähnt wurde:*
>
> *Wählen Sie gemeinsam mit der Konfirmandin oder dem Konfirmanden wohldosiert aus, was zu Ihrer Familie und auch zu Ihren Gästen passt!*

KONFIRMATION: Geschenke gehören auch dazu

Geschenke

In früheren Zeiten waren typische Konfirmationsgeschenke:

- Eine Uhr; meistens begann gleich nach der Konfirmation eine Lehre oder
  ein Dienst, wofür eine Uhr dann notwendig wurde.
- Das Gesangbuch oder eine Bibel
- Schmuck: ein Ring, eine Kette oder Manschettenknöpfe.

Es waren Geschenke, die für das künftige Leben als Erwachsene gebraucht wurden. Das erklärt, weshalb an die
Konfirmandinnen überwiegend Geschenke für die Aus-
steuer zur Konfirmation verschenkt wurden.
Ich selbst kann mich noch an viele Sammeltassen erinnern,
die sich auf meinem Geschenketisch stapelten. Keine ein-
zige dieser Sammeltassen wurde jemals von mir benützt,
irgendwann sind sie dann als Poltergeschirr verwendet und
somit entsorgt worden. Inzwischen hätten sie vielleicht sogar einen Sammlerwert.

HEUTE sind ganz andere Geschenke gewünscht.
Wer von den Konfirmanden oder Konfirmandinnen
braucht heutzutage denn noch eine Uhr, wo viele unserer

Jugendlichen gleich mehrere Uhren zur Auswahl haben? Auch eine Bibel oder das Gesangbuch haben heute nicht mehr die Zugkraft wie in früherer Zeit. Heute, wo wir alles haben, wird es immer schwieriger, Menschen zu beschenken und ihnen eine Freude zu bereiten.

Aber auch heute gibt es noch Geschenke, die für das künftige Leben als Erwachsene gebraucht werden können. Geschenke, von denen unsere Jugendlichen später noch sagen können: »Das ist von meiner Konfirmation«. Das sind Erinnerungsgeschenke, die weit über das Fest hinauswirken.

Für den Schenkenden bedeutet das:
Ich muss mir wirklich Gedanken machen über den jungen Menschen, der sich konfirmieren lässt.

- Was ist die/der Jugendliche für ein Mensch?
- Was sind ihre/seine Interessen?
- Was braucht sie/er für ihr/sein künftiges Leben als Erwachsene(r)?
- Womit könnte ich ihr/ihm eine Freude machen?

Mit jedem Geschenk schenken wir auch ein Stückchen von uns selbst. Geschenke, die nach solchen Vorüberlegungen ausgesucht und geschenkt werden, können eigentlich nur Freude bereiten.

Geschenke machen *Freude*, wenn die Konfirmandin, der Konfirmand spürt:

- dieses Geschenk kommt von Herzen,
- hier mag mich jemand,
- hier zeigt mir jemand Freundschaft und Zuneigung,
- hier hat sich jemand Mühe und Gedanken gemacht,
- hier zeigt mir jemand seine Wertschätzung,
- hier wurde nicht aus Pflichtgefühl geschenkt, sondern echt und ehrlich.

Geschenkeliste

Nicht alle Menschen, welche die zu konfirmierenden Jugendlichen beschenken möchten, kennen diese so gut und persönlich, um sich solche Überlegungen mit Erfolg stellen zu können. Und doch möchten sie zum Ausdruck bringen, dass sie der Konfirmandin oder dem Konfirmanden und seiner Familie mit guten Gedanken verbunden sind.

Für solche Fälle eignet sich eine Geschenkeliste, die von der Konfirmandin oder vom Konfirmanden rechtzeitig und wohlüberlegt zusammengestellt werden sollte.

Vorschläge und Anregungen für eine solche Geschenke-liste:

- Schmuck
- ein besonderer Füllfederhalter
- ein Fotoapparat
- für Leseratten: jede Menge Bücher
- Bildbände für diejenigen, die nicht so gerne lesen
- ein Handy
- Reisebeschreibungen von verschiedenen Ländern
- ein Zelt oder andere Gerätschaften zum Campen
- ein Rucksack
- ein Schlafsack
- ein schönes Kleidungsstück
- ein Geldbeutel
- eine Handtasche
- ein Gürtel aus echtem Leder
- ein besonderes Parfum
- ein Taschenmesser
- Pflegeprodukte
- eine Kulturtasche
- ein Badetuch
- Fotoalben für die Bilder der Konfirmation
- CDs
- schönes Briefpapier
- Konzert- oder Theaterbesuch
- Kinogutscheine in beliebiger Menge
- DVDs vom Lieblingsfilm bis zur Weiterbildung

Geldgeschenke

Trotz all dieser Geschenkvorschläge ist auf der »Hitliste der Konfirmationsgeschenke« (nach einer Umfrage unter den Konfirmanden in der BRD, die im Jahr 2000 konfirmiert wurden) GELD die Nummer eins!

Dies ist ein sehr umstrittenes und viel diskutiertes Thema.

Ich möchte an dieser Stelle die positiven Punkte zum Thema »Geldgeschenke« zusammentragen, weil die Erfahrungen, welche ich in den vergangenen Jahren damit gemacht habe, meine ursprüngliche Meinung darüber verändert haben.

Oft wünschen sich die Konfirmandinnen und die Konfirmanden Geld zu ihrem Fest, um auf eine größere Anschaffung zu sparen.
Beispielsweise:

- für einen Computer
- für ein Fahrrad
- für eine Musikanlage
- für eine Reise
- für einen Roller / Mofa
- für den Führerschein
- für ein Pferd

Dies sind alles (vielleicht schon lange gehegte) Wünsche der/des Jugendlichen, gegen die eigentlich nichts einzuwenden ist, sofern diese Wünsche mit den Eltern abgesprochen sind.
Bevor Sie unnütze Dinge wie Sammeltassen verschenken, ist ein Geldgeschenk wesentlich angebrachter und von den Jugendlichen auch begehrter!
Viele Menschen denken, ein Geldgeschenk ist unpersönlich, aber das muss nicht sein!
Ein Geldschein in einer besonders schönen Karte (die Sie vielleicht sogar selbst hergestellt haben) mit einem sorgfältig ausgewählten Text, der zum Anlass passend ist, macht bestimmt mehr Freude als das 12. Handtuch oder andere Aussteuergeschenke.
Und Freude ist es doch, die Sie den Konfirmandinnen und Konfirmanden schenken möchten.

Manche Menschen möchten sehr gerne ein Paket verschenken, auch das ist mit Geld möglich. Einen Geldschein können Sie gut in eine schöne Schachtel verpacken. In einen bunten Blumenstrauß bindet Ihnen jeder Florist Münzen oder Scheine in der gewünschten Menge.

Manche Menschen, die den Jugendlichen ein Geschenk machen möchten, fragen sich: Wie viel Geld ist denn die richtige Menge? Das entscheiden ganz alleine SIE! Ich habe bei meinem Sohn erlebt, dass er sich über jeden 5-Euro-Schein gefreut hat. Er erfuhr dabei: Auch kleine Schritte führen zum großen Ziel. Außerdem hat er in gemeinsamen Gesprächen mit uns Eltern erfahren, dass ein 5-Euro-Schein für die eine Familie ein großer Wert ist und in anderen Familien aus der Portokasse bezahlt wird. Er selbst hat gespürt, dass mancher 5-Euro-Schein mit mehr Liebe geschenkt wurde als vielleicht ein größerer Betrag. Dies sind alles Erfahrungen, die unbedingt zum Erwachsenwerden dazugehören.

Ein weiterer Einwand lautet: Geld verliert so schnell seinen Wert, und wir möchten gerne etwas schenken, das den Jugendlichen in Erinnerung bleibt. Inzwischen denke ich: Wenn sich der junge Mensch von diesem Geld einen lang ersehnten Wunsch erfüllen kann, schenken wir in jedem Fall etwas Bleibendes. Unser Geldgeschenk hat dazu beigetragen, dass sie/er sich diesen Wunsch erfüllen konnte. Diese Anschaffung ist dann ein echtes »*Erinnerungsgeschenk*«.

Es gibt Konfirmandinnen und Konfirmanden, die sich ein Sonderkonto »Konfirmation« einrichten. Dort können sie

ihr Geld sicher und sogar gewinnbringend aufbewahren,
bis sie sich ihren Wunsch erfüllen können und möchten.

Erinnerungsgeschenke

*Was ich dir zu deiner Konfirmation
gerne schenken möchte:*

*Einen Orgelton,
gegen deine Aufregung am Konfirmationstag.
Einen Sonnenstrahl,
der hell auf deinen weiteren Lebensweg scheint.
Die richtigen Freunde,
die mit dir diesen Weg gehen.
Gottes Nähe
dein ganzes Leben lang.*

Ganz persönliche Geschenke sind Bilder oder Alben. Für
unseren Konfirmanden habe ich ein besonderes Album
von seiner Geburt bis zur Konfirmation zusammengestellt.
Dieses Buch hatte er vorher nie gesehen, es war eine echte
Überraschung. Viele Erlebnisse, die längst vergessen waren,
hatte ich hier notiert oder im Bild festgehalten.

Unser zweites Kind ist heute schon gespannt auf sein Erinnerungsalbum, das es an seiner Konfirmation geschenkt bekommen wird.

Auch anderen Jugendlichen, deren Weg ich (manchmal auch nur zeitweise) begleitet habe, konnte ich mit solchen gemeinsamen Erinnerungen eine Freude bereiten.
Vielen ehemaligen Kindergartenkindern von mir habe ich Fotos aus gemeinsamen Kindergartenzeiten als Glückwunschkarten hergestellt, das waren weit schönere Karten, als ich hätte kaufen können!
Ein weiteres »Erinnerungsgeschenk« ist sicherlich ein Gutschein für eine *gemeinsame Unternehmung,* beispielsweise:

- ein gemeinsamer Ausflug
- der Besuch einer Sportveranstaltung, den sich die Konfirmandin oder der Konfirmand schon lange wünscht
- Theaterkarten
- ein Konzertbesuch nach Wunsch des/der Beschenkten
- ein gemeinsamer Museumsbesuch
- eine kleine (oder große) Reise.

Sicherlich fällt Ihnen für Ihre Konfirmandin, Ihren Konfirmanden etwas Spezielles ein. Die Konfirmandin und der Konfirmand sollten bei jedem Geschenk die Botschaft spüren:

Ich mag dich,
ich möchte dir eine Freude machen,
dir etwas mit auf deinen Weg geben.

Danke sagen

Danke, dass du an mich gedacht hast.
Danke, für das spannende Buch.
Ein Titel, den ich mir schon so lange gewünscht habe!
Du hast mir eine große Freude gemacht.
Meinen herzlichen Dank dafür!

Eigentlich sind sie ganz einfach, diese Worte des Dankes.
Und doch fällt es vielen Jugendlichen schwer, sich für ihre
Konfirmationsgeschenke zu bedanken.
Woran liegt es, dass Jugendliche immer mehr Probleme mit
dem Dankesagen haben ?

Danke sagen ist aus der Mode gekommen.
Dank wird heute oft als lästiges Muss, als Zwang angesehen.
Hinzu kommt das mangelnde Selbstwertgefühl, welches
Jugendliche während der Pubertät häufig haben.
Manche Jugendliche sehen die Aufmerksamkeiten eines
Mitmenschen als eine Selbstverständlichkeit an. Soweit
sollten wir es bei unseren Kindern nicht kommen lassen!
Wir als Eltern sind hier aufgefordert, unseren Kindern den
Weg zu weisen, auch wenn dieser unbequem und vielleicht
schwierig für sie ist.

Wir sollten den Jugendlichen bewusstmachen, dass sie die/den Schenkenden verletzen und enttäuschen, wenn sie übersehen, mit wie viel Liebe sie/er das Geschenk für die Konfirmandin, den Konfirmanden ausgewählt hat.

Danken will geübt sein!

Ohne Dankbarkeit stirbt unsere Welt den Kältetod, gibt es kein freundliches Miteinander mehr. Ermutigen Sie Ihre Tochter, Ihren Sohn dagegen anzugehen. Bringen Sie ihr bzw. ihm bei, sich zu bedanken.

Wie können Jugendliche sich bedanken?

Mir selbst hat immer wieder gut gefallen, wenn die Konfirmandin oder der Konfirmand bei uns vorbeikam und sich persönlich bedankte. Bei manchen Jugendlichen klappt das schon ohne Scheu, ganz flüssig und unkompliziert, bei anderen ist es noch etwas gehemmt und holprig. Aber *das* spielt keine Rolle, *danken will geübt sein!*

Für andere Jugendliche ist es leichter, sich schriftlich zu bedanken.

- Das kann mit vorgedruckten Karten geschehen.
- Die Konfirmandin, der Konfirmand mit einer schönen Handschrift können selbst ein paar Zeilen schreiben.
- Für andere Jugendliche ist der Computer der »Schönschreiber«. Jugendliche sind am Computer oft erstaunlich kreativ in Wortwahl, Gestaltung und Schriftbild.
- Sehr ansprechend ist auch ein Foto vom Konfirmationstag der/des Jugendlichen.

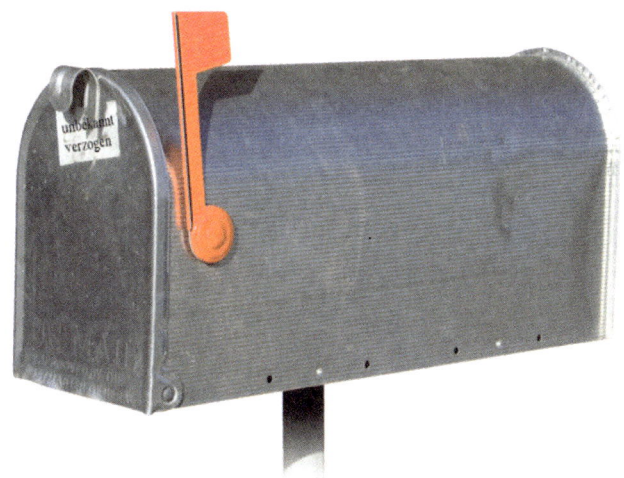

Eltern möchten sich meist mitbedanken, das können die Jugendlichen in ihre Dankesworte mit einbeziehen, beispielsweise:

… sage ich danke, auch im Namen meiner Eltern.
… ich und meine Familie haben uns sehr über … gefreut!

In Süddeutschland ist in verschiedenen Gebieten ein alter Brauch wiederbelebt worden:

In Zeiten, als die Menschen nicht jeden Tag genug zu essen hatten, spielte das Essen bei einem Fest eine weit gewichtigere Rolle als heute. Stand bei einem reichen Bauern eine Konfirmation an, wurde Tage zuvor geschlachtet, gekocht und gebacken. Das Gesinde, die Knechte und Mägde bekamen in diesen Tagen ein wesentlich großzügigeres Essen als an anderen Tagen.

Aus dieser Zeit stammt der Brauch, dass alle Personen, welche den Konfirmanden ein Geschenk gemacht haben, ein Kuchenpaket (man nannte es »Konfirmandenbrot«) als DANKE für diese Geschenke erhalten haben.

Heute lebt dieser Brauch an verschiedenen Orten wieder auf.

Ich habe von Familien gehört, die über 100 Kuchen vor ihrer Konfirmation gebacken haben, um solche Dankes-Kuchenpakete zu verschicken. Andere Familien berichteten, dass sie an solchen Konfirmationswochenenden 5–7 dieser Kuchenpakete erhalten haben und gar nicht alles aufessen konnten. Sie wagten nicht, diesen Kuchen einzufrieren, weil diese Kuchen häufig bereits aus dem Gefrierschrank kommen. Wer hat heute schon drei Mägde und zwei Köchinnen im Haushalt? Die heutige Frau muss für diesen Brauch ab Januar vorbacken und einfrieren, damit sie solche Mengen an Kuchen überhaupt bewältigen kann. Ein ungeheuerer Aufwand an Zeit und auch an Geld.

In Dörfern, in denen sich jeder kennt, stehen die Familien stark unter dem Gruppendruck, diesen Brauch mitzumachen. Bei meinem Konfirmationsseminar waren drei Frauen aus einem kleineren Dorf dabei. Alle drei schimpften über diesen Brauch, die viele Arbeit, das viele Geld. Keine wagte es damit aufzuhören, um nicht als geizig zu gelten. Wir haben sie ermuntert, sich zusammenzuschließen und gemeinsam

eine Sache zu beenden, die eigentlich nicht mehr in unsere
heutige Zeit passt.

Überlegen Sie sich gut, ob Sie solche Bräuche widerwillig
mitmachen wollen!

Aus dem Münsterland konnte ich erfahren, dass dort die
Kuchenpakete nicht ausgetragen werden, sondern eine
ganze Woche lang jeden Nachmittag »Krümmelkaffee« ab-
gehalten wird. Das heißt, alle, die ein Geschenk gebracht
haben, werden in der Woche nach der Konfirmation zum
Nachmittagskaffee eingeladen. Das bedeutet für Sie, täglich
nochmals Kuchen nachzubacken, denn einen tagealten Kuchen schätzen Kaffeegäste selten.

Im Kapitel »Geschenke« wurde bereits beschrieben, wie
viele Gedanken sich Menschen häufig über ein passendes
Geschenk machen. Die wenigsten Personen schenken wohl,
um ein Kuchenpaket oder eine Kaffeeeinladung zu erhalten. Menschen beschenken die Konfirmandinnen und die
Konfirmanden:

- *um ihr/ihm eine Freude zu bereiten,*
- *weil sie ihr/ihm etwas auf den weiteren
  Lebensweg mitgeben möchten.*

Überlegen Sie, welche Bräuche Sie mitmachen und welche
Sie lieber bei »Brauchtum« ablegen möchten!

Gegen einen Nachbarschafts- bzw. Helferkaffee am Tag nach der Konfirmation ist nichts einzuwenden. Das Zimmer ist noch ausgeräumt, Kuchen ist noch genügend vorhanden. Sie haben keinen weiteren Aufwand. Eine solche Einladung freut Ihre Freunde und Nachbarn bestimmt.

Auf gar keinen Fall sollten Sie sich mit Aussagen wie »So macht man das« unter Druck setzen lassen. Entscheiden Sie, was für Sie selbst, die Konfirmandin/den Konfirmanden und für Ihre Familie wichtig und richtig ist.

AUSBLICK

Lange hat man darauf hingelebt, hingearbeitet. Und dann geht es viel schneller, als man denkt: Die Konfirmandenzeit ist vorüber. Unterricht, Gottesdienst, das Familienfest …, alles liegt hinter einem.

Bei uns gibt es da immer ein wehmütiges Abschiednehmen. Konfirmandinnen, Konfirmanden und ihre Pfarrerin haben eine intensive gemeinsame Zeit hinter sich. Es war oft anstrengend, aber wir sind zusammengewachsen.

Dann kam der Höhepunkt: die Konfirmation. Die Jugendlichen haben sich mit ihrem Gottesdienst große Mühe gemacht. Oft haben sie sich noch außerhalb des Unterrichts getroffen, haben mit viel Fantasie und Eifer ihren Festgottesdienst erarbeitet.

Es war dann schon aufregend – die vielen Menschen in der Kirche, viel mehr, als sie sich vorgestellt hatten. Doch alles ist gut gegangen. Es war schön.

Wir treffen uns dann kurz nach der Konfirmation noch einmal. Man tauscht sich aus über den großen Tag, sieht Fotos an, zeigt Geschenke, nimmt Abschied.

Und dann geht jeder dieser jungen Menschen seinen Weg.

Manche von ihnen bleiben mit ihrer Gemeinde sehr verbunden. Sie haben Lust mitzuarbeiten – in der Kinderkirche, in Jugendgruppen, bei Gottesdiensten.

Einige werde ich wohl ab und zu im Gottesdienst sehen. ›Spätestens am Heiligen Abend dann‹, erklären sie mir tröstend.

Und viele werden erst einmal eine ›Kirchenpause‹ einlegen. Auch das kann und darf sein.

Jeder dieser jungen Menschen geht seinen Weg. Wenn er später zurückblickt, wird er sich erinnern: an den Unterricht, an die Freizeit, die Gruppe, die Pfarrerin, an den Gottesdienst, die Feier mit der Familie ...

Wenn es dann gute Erinnerungen sind, hat er vielleicht auch irgendwann wieder einmal Lust, Kontakt zu seiner Kirchengemeinde aufzunehmen.

Wer weiß ...

Ermutigung für Eltern

Ganz viele Anregungen, Tipps und Informationen haben wir Ihnen in diesem Elternratgeber zusammengestellt.

Dieses Buch ist *nicht* zu verwenden wie ein Kochbuch, in dem Sie *alle* angegebenen Zutaten zu einem leckeren Kuchen zusammenrühren. *Sie selbst und Ihre Konfirmandin, Ihr Konfirmand* suchen die einzelnen Zutaten aus und backen daraus Ihren ganz speziellen »Familienkuchen«!

Die eine Familie braucht viele Zutaten, die andere Familie macht aus ganz wenigen Zutaten ein wunderschönes Fest.

Als Hilfe für Menschen, welche keine geborenen Festmanager bzw. Improvisations-Genies sind, ist folgende Liste gedacht. Planen Sie gut und rechtzeitig vor! Schreiben Sie auf, was Sie alles besorgen müssen, dann können Sie abstreichen, was bereits erledigt ist. Planen Sie lieber etwas mehr Zeit für die einzelnen Arbeiten ein, damit Sie evtl. einen Spielraum haben, falls es zu Zwischenfällen kommt. Viele Arbeiten lassen sich frühzeitig organisieren, vorbereiten und ausführen. Machen Sie das, damit Sie nicht in Hektik kommen und dieses besondere und wichtige Fest für Ihre Tochter bzw. Ihren Sohn mit Freude feiern können!

Checkliste

○ Termin der Konfirmation vorab bekannt geben
zwischen ¹/₂ und 1 Jahr vorher

○ Einladungen gestalten
3 Monate vorher

○ Einladungen verschicken
ca. 8 Wochen vorher

○ Tisch-/Menükarten herstellen u. beschriften
ca. 4 Wochen vorher

○ Tisch/Sitzordnung festlegen (erst wenn alle Gäste zu-
bzw. abgesagt haben.)
ca. 2 Wochen vorher

○ Tischgebet
*vielleicht gibt es eine Idee, einen Vorschlag während dem
»Konfus«*

○ Tischrede
spätestens 2 Wochen vorher

- Tischschmuck:
  Bestellung beim Floristen
  3-4 Wochen vorher
  selbstgemacht/eingepflanzt
  1 Woche vorher
  Buchsgirlande binden
  1 Woche vorher kühl lagern!
  Frischblumen
  1 Tag vorher

- Raumschmuck
  rechtzeitig zusammensuchen

- Restaurant/Gaststätte
  reservieren
  1–2 Jahre vorher
  Menü bestellen
  3–4 Wochen vorher

- Catering-Service anfragen
  Partyservice
  Metzger/Bäcker
  ca. 6–10 Wochen vorher,
  evtl. auch früher

- Eine »Hilfe« bestellen
  rechtzeitig, damit sie/er noch keinen anderen Termin hat

○ Geschirr-Check:
  Teller, Tassen, Gläser, Besteck,
  was muss gekauft bzw. ausgeliehen werden?
  2–3 Monate vorher, falls etwas bestellt werden muss

○ Schriftliche Speiseplanung hilft!
  Einkaufslisten zum Abhaken herstellen
– eine für Gerichte, die vorbereitet werden können,
  sobald die Speisen ausgesucht sind!
– eine für die letzten Frischeinkäufe wie Salat, Obst, Brot
  usw.

○ Kuchen backen
  z. Bsp. Böden vorbereiten usw.
  1–2 Tage vorher

○ Getränke einkaufen
  mind. 2 Wochen vorher

○ Tische und Stühle zusammentragen
  2 Tage vorher

○ Zimmer aus- und umräumen
  1–2 Tage vorher

○ zusätzlichen Garderobenständer
  leihen oder kaufen
  einige Tage vorher

○ genügend Filme zum Fotografieren besorgen
  1 Woche vorher

○ Unterhaltung für's Fest vorbereiten
  je nach Auswahl

○ Quiz vorbereiten
  an langen Winterabenden

○ Alben aktualisieren
  an langen Winterabenden

Es spielt keine Rolle, ob Sie ein aufwendiges oder ein einfaches Fest planen:

- die Konfirmandin bzw. der Konfirmand sollte immer der Mittelpunkt sein, es ist ihr/sein Fest!
- bei allen Entscheidungen sollte sie/er mit einbezogen werden und selbst entscheiden dürfen, auch wenn Sie als Eltern vielleicht ganz andere Wünsche haben!

> *Die Jugendlichen sollen spüren:*
> *Ich bin meinen Eltern wichtig,*
> *sie nehmen sich Zeit für mich,*
> *ich bin ihnen ein Fest wert!*